Pinterest

La red social visual y creativa

MªÁngeles González Macías

Diseño del libro y de la cubierta: Natàlia Serrano

Primera edición: abril 2013

Rambla del Poblenou 156, 08018 Barcelona
www.editorialuoc.com

Realización editorial: Sònia Poch Masfarré
Impresión:

ISBN: 978-84-9029-931-9
Depósito legal B. 9519 - 2013

Nuestro contrato

Este libro te interesará si:

- Eres un asiduo de las redes sociales y quieres hacer una aproximación a Pinterest (la red social del momento) para un uso personal o corporativo.

- Quieres saber por qué Pinterest no es como el resto de redes sociales y conocer en qué se diferencia de ellas.

- Deseas realizar un acercamiento a Pinterest como herramienta de marketing digital y catalizador de comercio electrónico.

- Eres un profesional de las industrias creativas y te interesa Pinterest como canal 100% visual, idóneo para tu actividad o perfil.

- Tienes curiosidad por conocer un poco sobre la historia, evolución y retos futuros de esta red.

ÍNDICE

INTRODUCCIÓN: EL SOCIAL MEDIA LÍQUIDO

Si arrancamos este libro diciendo que «Pinterest es una red social» probablemente no logremos despertar gran interés en el lector. Otra red social, una más. De hecho, ¿qué no es hoy en Internet una red social o lo pretende ser?

Por el contrario, si arrancamos este libro afirmando que Pinterest es la plataforma 2.0 con mayor proyección de futuro, la red social visual por excelencia, la que alcanzó más rápido que ninguna otra los 10 millones de usuarios —en tan solo 20 meses de vida— y la que mejores resultados parece estar reportando al comercio electrónico... el análisis y la reflexión ya cobra otra dimensión y un nuevo alcance.

Vivimos en una sociedad hiperconectada, *always on*, movilizada hasta límites insospechados en cuanto a dispositivos conectados a la red se refiere, infoxicada, dicen algunos. Multipantalla y *multitasking*. Donde casi todo se lee en diagonal y sin prestar demasiada atención. Donde cuesta horrores que algunos *inputs* traspasen el yelmo que todos nos hemos encasquetado a modo de filtro cerebral.

Es por ello que los estudiosos del *marketing*, la publicidad y la comunicación en su más amplio sentido del término, no dejan de investigar qué es lo que sí llega y averiguar por qué y cómo lo hace. ¿Cuáles son aquellos canales, mensajes o *inputs* que sí consiguen atraer la atención y lograr su cometido: influir, comunicar, quedar registrados en alguna parcela del cerebro, de manera consciente o subconsciente?

Si a esta sociedad hiperconectada y tecnificada a la velocidad de la luz, le añadimos que los seres humanos vivimos en continuo proceso de cambio, mutando de criterio constantemente y variando nuestros gustos y preferencias *in aeternum*... nos encontramos ante un gran reto comunicativo. Un reto que ahora se libra, fundamentalmente, en la esfera digital del Internet Social, donde se encuentran las famosas «conversaciones» entre personas que conforman el mercado (ver «Manifiesto Cluetrain») y en el que también se tienen que situar las marcas al decidir:

¿Por qué canales y redes apostar?

¿Qué estrategias comunicativas utilizar?

¿Qué tipo de mensajes emitir?

Pondremos un ejemplo sencillo que todos entenderemos y quizás incluso hayamos experimentado. Dicen las estadísticas que el todopoderoso Facebook está sufriendo actualmente lo que podría ser una crisis. Y no hablamos de su tropezón en bolsa ni de la falta de concreción en su modelo de negocio. Esta supuesta crisis que mencionamos es porque, al parecer, los usuarios de Facebook se están «tomando un descanso». Según el estudio titulado *Idas y venidas de Facebook* publicado por la consultora norteamericana PEW Research, muchos de los usuarios de la que es la mayor red social del mundo declaran estar cansados del canal. Algunos lo dejan momentáneamente y otros lo abandonan para siempre. Los motivos son bastante heterogéneos, desde razones vinculadas a la privacidad, al exceso de publicidad y de correo no deseado, hasta otras más de base, como el hartazgo social de conocer tan al detalle la vida de los demás, la cantidad de información irrelevante que se publica o la falta de tiempo y estímulos para explorar la red.

En definitiva, y ligando el tema con el argumento expuesto previamente: parece ser que la misma humanidad que antes veneraba al dios 2.0 Facebook, ahora se ha cansado de ver fotos ajenas y «cotillear» en la o bien dramática, o bien feliz vida de los 300 amigos agregados.

¿Es que Facebook ya no es atractivo comunicativamente? ¿Es que ya no es igual de bueno como red social que antes, si no mejor incluso? Posiblemente la respuesta ni importe. Lo que ocurre es que, tal como planteábamos, todo evoluciona, se debilita y a veces se agota. Así son las tendencias sociales, comunicativas y, en este caso, cibernéticas. Por tanto, podemos afirmar que el Social Media también es «líquido», entendiéndolo como tal por su falta de solidez y fijeza, según las teorías del filósofo Zigmunt Bauman, padre de dicho concepto.

Hacia la web visual

En estas «idas y venidas» que experimenta Internet y, en este caso, el Social Media, existe una nueva y clara tendencia que, casi sin hacer ruido, se está imponiendo en todos los canales. Se trata de la web visual.

De un tiempo a esta parte hemos visto cómo todas las redes sociales han ido cediendo cada vez más protagonismo a la parte visual del contenido web, desplegando cada vez imágenes más grandes y de mejor calidad. Hablamos de la imagen de portada de Facebook, de la posibilidad que ya ofrece Twitter de ver fotos sin salir de su canal, del *hype* Instagram, de los cada vez más contenidos infográficos en blogs... y de muchos otros indicios que nos muestran claramente el triunfo de lo visual por encima de lo textual.

¿Por qué esta evolución? Las imágenes son en buena parte el centro de nuestras vidas y con ellas comunicamos mejor y más rápido, especialmente cuando no se dispone de mucho tiempo. Ayudan a captar la atención y son una buena forma de autoexpresarnos, mostrando quiénes somos y lo que nos gusta, incluyendo a las marcas como parte de esa autodefinición.

Y es aquí, en mitad de este panorama «líquido» del Social Media y en esa carrera hacia la web visual, cuando se cuela un nuevo protagonista en la historia insuflando un poco de aire fresco: **Pinterest**.

Una red social visual por excelencia, aparentemente sencilla, pero que aúna buena parte de las funcionalidades y enfoques de otros grandes como Facebook, Twitter o Tumblr. Y es que Pinterest forma parte de lo que podría considerarse como una segunda o incluso tercera hornada del 2.0. Una hornada que nace con más casos de éxito en la memoria, con muchas lecciones aprendidas, recogiendo lo mejor de las redes ya existentes, y a la vez, adaptándose a los nuevos tiempos, donde el contenido visual parece ser ahora el rey.

En este libro hablaremos detenida y detalladamente de todos los puntos del éxito diferencial que están encumbrando a Pinterest como una buena apuesta de presente y futuro en el Social Media. Sus conexiones con ciertos ámbitos de actividad ligados a las industrias artísticas y creativas, que quizás hasta el momento no habían calado con fuerza en las redes sociales. Su marcada orientación a negocio, con un vínculo muy explícito con el comercio electrónico y lo aspiracional del consumo. Pero también su posicionamiento en positivo, alejado de la crítica y lo zafio, que lo identifica como un oasis de paz en el laberinto del Social Media. Pinterest muestra lo bello y visualmente atractivo, es un espacio de inspiración donde son muchos los que van a nutrirse de ideas o, simplemente, a relajarse (se utiliza incluso el concepto *Pinspiration*). Algo que en otras redes sociales es difícil de conseguir.

Por todo ello, y por otras muchas razones que expondremos en posteriores páginas, las marcas ya han identificado a Pinterest como una buena pareja con la que bailar en sus estrategias de Social Commerce, *marketing* y diseminación de contenidos. Cualquier negocio que actualmente tenga un alto componente visual, no puede obviar este canal, que poco a poco se va consolidando.

Pero muchos son también los retos que tiene ahora Pinterest para afianzar su modelo de negocio, garantizar su permanencia y mantener su crecimiento sostenido. Es la hora de hacerse adulto y dialogar de tú a tú, no solo con los millones de *pinners* (usuarios) que ya viven encantados explorando la red, sino también con las empresas clientes que puedan utilizarla como efectivo canal de comunicación y venta con su público. Un canal, Pinterest, que, hoy por hoy, parece estar traspasando el «yelmo» que comentábamos y despertando gran interés en algunos segmentos de público.

¿QUÉ ES PINTEREST?

El creativo nombre de Pinterest surge de la unión de dos conceptos: el verbo inglés *to Pin* y el sustantivo *Interest*. Que yuxtapuestos y traducidos, sería algo parecido al concepto de «colgar intereses». Ya comentaremos en páginas venideras de quién fue la idea y cómo se eligió este descriptivo nombre.

A partir de aquí, la primera definición oficial de Pinterest publicada durante meses en el *About* de su website, lo definía como un «tablero virtual para organizar y compartir todas aquellas cosas bellas de la web». Actualmente, la definición se ha simplificado y Pinterest se define a sí mismo como «una herramienta para coleccionar y organizar las cosas que te gustan». Pequeños matices que nos dan pistas sobre cuál es el nuevo posicionamiento deseado por Pinterest y sobre cuál está siendo su proceso evolutivo. Organizar, compartir y coleccionar. Identificar cosas bellas y cosas que gustan, para poder hacerlas u obtenerlas en la vida real. Esa es la clave.

Para los menos conocedores de Pinterest (si has llegado a esta página del libro sin todavía siquiera visitarlo, ¡no continúes leyendo y corre a hacerlo!) diremos que, efectivamente, es como un gran tablero virtual en el que recopilar tus favoritos, preferencias y, en general, todo aquello que te gusta, te atrae o quieres tener localizado para un determinado fin.

Para entenderlo con un símil analógico algo manido, pero también muy clarificador, podemos comparar Pinterest con el tablón de corcho que todos hemos tenido alguna vez en nuestra oficina, en el que se van colocando fotos, post-its, notas, tarjetas y todos aquellos *inputs* que nos gusta ver o queremos recordar. También pudiera ser la nevera de ciertas cocinas, donde se apunta la lista de la compra, se colocan recortes, notas, dibujos, imanes de los viajes más recientes, entradas de próximos espectáculos, etc. O las paredes de cualquier habitación adolescente empapeladas con las fotos de sus ídolos musicales o equipos de fútbol favoritos. Al parecer, los «tablones de contenido» son algo muy común en nuestras vidas con el objetivo de tener a mano ciertas cosas, coleccionar otras o simplemente disfrutar del placer de verlas cada día.

Con este mismo espíritu de tablón, pero incorporando las facetas digital y social, nace la interesante propuesta de Pinterest. Una aplicación en la que puedes generar tus propios repositorios temáticos (tablones) e ir organizando todos aquellos contenidos que localizas en la red, propios o ajenos, que puedan ser de tu interés, a partir de sus imágenes más representativas. Tablones que, además, se pueden compartir o incluso abrir a aportaciones de terceros, generando así una gran red social de contactos interesados en ciertos temas que juntos rastrean la web, la etiquetan y la organizan.

En la primera *review* que el medio especializado *Mashable* dedicó a Pinterest en octubre de 2011 se refería a él como «un tablón privado y social para coleccionar memorias *on-line*». En el artículo se hacía referencia a la voluntad que tenía Pinterest de llevar la experiencia de coleccionar al terreno *on-line*, reparando en la cantidad de información que se puede inferir de lo que colecciona cada persona. Se trata, pues, de mostrar «estilos de vida»: los gustos y las preferencias en un gran tablero *on-line* y abierto al mundo.

También el medio *TechCrunch* se refería a Pinterest, aquellos mismos días de 2011, como una sencilla propuesta para marcar de manera visual aquellos contenidos favoritos que se encuentran en la red. Para ellos el éxito radicaba en la capacidad de «autoexpresión» que Pinterest ofrecía a los internautas.

Antiguamente no teníamos apenas otra opción que, al navegar por Internet y encontrar un contenido interesante que no podíamos «consumir» en ese mismo momento, copiar su dirección web y enviárnoslo por correo electrónico para poder mirarlo con detalle más tarde.

Ya antes de que Pinterest viera la luz, surgieron servicios como Delicious que ofrecían la posibilidad de almacenar contenidos favoritos y compartirlos con terceros, pero lo hacían desde otro planteamiento, menos visual y no tan orientado a mostrar e interaccionar con dicho contenido. Fue en la segunda hornada 2.0 de la que hablábamos en la que esta necesidad de guardar contenidos «para después» y poder compartirlos con la comunidad se reinventó con Pinterest en forma de «tablero virtual».

Como ha reconocido su CEO y fundador Ben Silbermann recientemente en una entrevista para *MIT Technology Review*, Pinterest es «como una gran máquina de indexación humana». Del mismo modo que Google utiliza sus sofisticados algoritmos de búsqueda, Pinterest ofrece a los internautas una herramienta para organizar los contenidos de la red, de manera que tengan sentido para ellos y para el resto de personas. Se trata de clasificar la información siguiendo criterios humanos, que son a día de hoy todavía muy diferentes a los que utilizan las máquinas. Para Silbermann, las multitudes de personas son más eficaces que determinados algoritmos a la hora de buscar contenido de interés, organizarlo y compartirlo.

Y eso mismo es lo que ofrece Pinterest.

DICCIONARIO, ARGOT Y FUNCIONAMIENTO

Tal como hemos visto hasta el momento, Pinterest ha resultado una nueva propuesta 2.0 basada fundamentalmente en recopilar información desde lo visual. Una nueva presentación gráfica en pantalla, nuevos conceptos e incluso nuevos colores: el rojo Pinterest. Hasta el momento el azul había dominado la escenografía del Social Media, con ejemplos como Facebook, LinkedIn, Twitter, Delicious o Tumbrl. Y como no podía ser de otra manera y como pasó también con el resto de redes, con Pinterest llegó también un nuevo y particular léxico que a continuación repasamos.

En Pinterest, damos de alta una «cuenta» o «perfil», como también lo hacemos en otras redes. Este perfil estará formado por varios «boards» o «tablones» que nosotros mismos crearemos, les daremos un título y una clasificación temática.

En estos tablones o *boards* es donde iremos «pineando» (del verbo inglés *to Pin*) aquellos contenidos favoritos. En este caso el verbo «pinear» o *to Pin* significaría colgar, organizar, apuntar, colocar... el contenido que estamos registrando. Como «Pin», entenderemos toda imagen que procede de una página web y que sirve, en la mayoría de las veces, para ilustrar el contenido que hay asociado a ella y organizarlo en su tablón correspondiente.

Los usuarios de Pinterest somos todos «pinners» y contaremos con seguidores de nuestros tablones, que serán nuestros «followers» (el mismo concepto que se utiliza en Twitter). También podremos seguir otros perfiles o simplemente otros tablones, que saldrán reflejados en el apartado «Following» de nuestra cuenta, siendo esta una red de doble dirección, como también lo es Twitter o Google+ (no lo es, por ejemplo, Facebook). Así se hace totalmente transparente la información sobre quién nos sigue y a quién seguimos en esta red.

Los tablones de Pinterest pueden pertenecer a un único perfil o bien ser «colaborativos», permitiendo así que varios usuarios puedan ir añadiendo *pins* a un mismo tablón. Una funcionalidad realmente útil para favorecer trabajos en equipo como pueden ser ciertas investigaciones o la organización de determinados eventos, por poner un ejemplo.

Los tablones también pueden ser «secretos»: una de las recientes novedades que ha implementado la plataforma para favorecer la búsqueda de información o ideas sin que otros «pinners» puedan verlo. Eso sí, solo se permite tener un máximo de tres tablones secretos por perfil, para evitar que se dinamite la esencia abierta y global del canal.

Para interactuar con aquellos *pins* de nuestra «Home Feed» —la página principal de Pinterest donde aparecen todos los contenidos que seguimos— tenemos tres sencillas posibilidades asociadas a los botones ocultos, que se activan al colocarnos sobre cada contenido.

La primera y más importante forma de interactuar es mediante la acción «Repinear»: la más característica e innovadora actividad de esta Red. Se trata de una acción que te permite replicar el *pin* que has encontrado y colocarlo en una de tus colecciones, editando también la información asociada y palabras clave. El *repin* mantendrá siempre el histórico y recorrido que ha tenido previamente a llegar a tu perfil. De esta manera, se puede «tirar del hilo» y descubrir las fuentes originales que han hecho la aportación, y que se pueden convertir en nuevos «followings». Así, el efecto boca-oreja se amplifica y genera una cadena de usuarios conectados, interesados en temas comunes: en el *repin* reside la clave viralizadora de Pinterest.

La acción de repinear aúna características del retuit de Twitter, del «compartir» de Facebook y del «reblog» de Tumblr. Con la diferencia que los usuarios de Pinterest llegan a repinear el 80 % de los contenidos, un porcentaje elevadísimo en comparación con el resto de acciones mencionadas (solo el 1,4 % de los tuits son retuiteados).

El segundo botón que veremos en cada pin es el de «Me gusta» o «Like», con un icono en forma de corazón. Activándolo, simplemente dejaremos nuestro registro conforme ese es un contenido que nos gusta, pero no se almacenará en ninguna de nuestras colecciones. Lo que sí se permite desde la página de perfil es hacer una consulta cruzada sobre todos aquellos *pins* en los que has hecho «Me gusta» y poder visualizarlos de una vez.

Por último, también tendremos la posibilidad de «Comentar», con la que se permite escribir cualquier comentario asociado a un *pin*. A diferencia de otras redes muy activas en comentarios —como podría ser Facebook— en Pinterest solo el 0,6 % de los *pins* se comentan. A los usuarios de la red social visual por excelencia, parece que no les gusta demasiado escribir, o quizás no lo consideren necesario en este contexto.

Y para finalizar este repaso por el léxico tan particular de Pinterest, haremos mención del popular botón «Pin it», que es aquel que se coloca en todas aquellas webs que quieren facilitar que su contenido se pinee, haciendo el proceso sencillo y transparente. Este mismo botón, también se puede instalar en la barra de favoritos de determinados navegadores, para facilitar el proceso de recopilar *pins* en la otra dirección: es decir, por iniciativa propia del usuario.

TO PIN: colgar, organizar, apuntar, colocar un *pin.*
PIN: cada imagen o vídeo que subimos a la red Pinterest.
PINNER: usuario de Pinterest.
REPIN: acción de replicar un *pin* colgado por un tercero y almacenarlo en tu propio perfil.
BOARD/TABLÓN: cada una de los repositorios temáticos en los que vas organizando y clasificando los *pins.*
TABLONES SECRETOS: solo son visibles para el creador. Un máximo de tres.
TABLONES ABIERTOS: tablones colaborativos en los que más de un *pinner* puede aportar contenido.
FOLLOWERS: seguidores de tu perfil o de alguno de tus tablones.
FOLLOWING: *pinners* a los que sigues.
BOTÓN PIN IT: comando que las webs pueden integrar en su contenido, para facilitar que los usuarios de Pinterest lo pinneen.

KEEP
CALM
AND
PIN
IT

EL SECRETO DE SU ÉXITO: MEJORANDO LO PRESENTE

Y nos preguntaremos: ¿por qué Pinterest sí ha calado fuerte en el panorama 2.0? ¿Por qué ha conseguido con relativa facilidad ese hueco que a otras redes les ha sido imposible, viéndose abocadas al fracaso? A la memoria nos vienen Orkut, Digg, Diaspora... e incluso Google+, para ser un poco provocadores con los que creen que sí que funciona.

Pinterest llegó con un tímido saludo: aquí tenéis una nueva red social, mejorando lo presente, que cubrirá vuestras necesidades de recopilar y compartir información, de una manera visual y sencilla con el resto de internautas.

Los usuarios se mostraron interesados, muchos lo quisieron probar y darle una oportunidad, en algunos casos con el común escepticismo con el que testeaban el resto de redes... pero, ¿qué ocurrió? Que la práctica fue muy positiva y encontraron en Pinterest algo que realmente no tenían hasta el momento en la cartera de servicios 2.0. Se toparon con una experiencia útil, agradable, enriquecedora, que les generaba buen *feeling*. Una experiencia intelectual y creativa, incluso. Pero también ligada al mundo de las aspiraciones y de todo aquello que nos gustaría ver, hacer, tener, probar... Esta es la esencia que realmente ha llevado a Pinterest a conectar con cierto perfil de internauta, que se hizo fiel seguidor de la plataforma por lo que esta le generaba. Pero quizás también porque la veían complementaria y compatible con estar presente también en otras redes.

Cóctel de funcionalidades

Dicen que los creadores de Pinterest, antes de lanzarlo, propusieron hasta 50 versiones diferentes de lo que sería su página principal. Esto porque sabían que la primera experiencia que percibiera el usuario al acceder sería clave para garantizar su permanencia y fidelización.

Finalmente, el resultado fue una Home Page que al acceder a ella te ofrece un amplio *collage* de imágenes, todas ellas seleccionadas a partir de unos gustos previamente definidos, que Pinterest te propone para arrancar. Como si fuera un libro o revista totalmente personalizada y hecha a medida del usuario, de acuerdo con sus intereses. A partir de aquí, ampliando el uso y el alcance mediante seguidores y seguidos, poco a poco la publicación se va refinando y se convierte en un canal totalmente adaptado a las necesidades o gustos de cada *pinner*.

Si hablamos ya más concretamente de todas sus funcionalidades, diremos que Pinterest recoge lo mejor de las redes sociales de éxito y que, pasando todo ello por la coctelera de lo visual, lo transforma en un atractivo combinado que, punto uno: entra fácilmente por la vista, y punto dos: gusta y engancha al saborearlo.

¿Y cuáles son estos ingredientes que Pinterest toma de algunas de las redes sociales de éxito para elaborar su cóctel de experiencia 2.0?

De Facebook: la posibilidad de compartir contenido entre los usuarios conectados, indicar los «me gusta» (*likes*) y hacer «comentarios» bajo las publicaciones.
De Twitter: el concepto de retuit, o réplica de un tuit, que en Pinterest se convierte en *repin*: la acción más característica de esta red, que facilita la diseminación de contenido.
De Twitter o Google+: las conexiones en dos direcciones diferentes, con un listado de «Followers» (los que nos siguen) diferente del listado «Following» (a los que seguimos).
De Tumblr: la dimensión visual de esta plataforma de microblogging, muy conectada también con las industrias creativas. También en este caso se ha tomado como referencia el «reblog», transformado en «repin».
De YouTube: la dimensión audiovisual, con la capacidad también de compartir vídeos.
De Flirkr: la esencia de la compartición de álbumes fotográficos.
De Delicious: la posibilidad de almacenar, clasificar favoritos y compartirlos con terceras personas.
De Instagram: la orientación visual, incluso artística y poco textual.

Diez claves para el éxito

Analizando en profundidad la herramienta, documentándonos sobre su cada vez mayor uso y retorno monetario en algunos ámbitos, como es el caso del comercio electrónico, presentamos las diez claves que pueden suponer a día de hoy la fórmula del éxito de esta red social:

1. 100 % Visual

Como bien dice la popular expresión, «una imagen vale más que mil palabras», esta es la máxima principal en la que se fundamenta Pinterest: la red social visual por excelencia. En ella todo el contenido, sea el que sea, se transmite y se comparte a través del formato gráfico. Cada imagen es lo que llamamos «un *pin*» y cada *pin* lleva asociado un contenido web, que bien puede ser un vídeo, un artículo, una infografía o un determinado producto de una tienda virtual.

Parece que lo visual es, actualmente, la tendencia dominante del contenido *on-line*, viendo el éxito que están teniendo otras redes del momento como Instagram (fotografías) o Vine (vídeos de corta duración). Incluso citando el fenómeno Youtube, usado ya por muchos como un buscador de contenido, sustituyendo al propio Google; o las cada vez más recurrentes infografías en medios digitales y redes sociales.

En esta misma tendencia visual se basa también el éxito de Pinterest, donde los usuarios apenas leen o escriben texto. El lenguaje iconográfico es el lenguaje universal que todos entienden y las imágenes los mejores recursos expresivos y persuasivos en la comunicación humana. No en vano algunos estudios al respecto defienden que la gran mayoría de las personas asimila la información a través de la percepción visual y que un 90 % de lo almacenado en el cerebro tiene forma de imagen.

Por tanto, podemos decir que Pinterest es un gran *collage* de imágenes atractivas, donde los textos apenas tienen protagonismo. Al acceder a esta red, te asaltan decenas de estímulos (en forma de fotos, diseños, ilustraciones, infografías, citas...) que rápidamente conectan con la dimensión más visual del cerebro.

2. Menos es más

Ante propuestas extremadamente complejas de funcionamiento que tienen algunas redes sociales (pensemos en Facebook sin ir más lejos y su bucle sin fin de cambios en funcionalidades), Pinterest propone una red sencilla, en la que es muy intuitivo participar e interactuar con el contenido.

Las acciones principales asociadas a cada perfil se encuentran en la barra del menú superior a la derecha, para colgar *pins* o acceder a todo el contenido de la cuenta.

El resto de contenido por el que navegamos es un sencillo *feed* o correlación de imágenes que van apareciendo en la pantalla. Solo cuando nos interesa alguna de ellas y nos situamos sobre la misma, aparecerán los botones ocultos, que sirven para interactuar con ese contenido. «Repinear» o replicar un *pin*, «comentarlo», o indicar que «Me gusta». Esas son todas las acciones principales que hay que saber dominar para ser un usuario de Pinterest.

Esta simplicidad es valorada muy positivamente por los usuarios, que no quieren tener que «aprender» a hacer funcionar una red más. Tan solo desean dejarse llevar por la experiencia y disfrutarla.

3. Buscando la inspiración

Pinterest es para muchos una de las mejores y más diversas fuentes de inspiración que existen actualmente. Debido a su carácter visual del que ya hemos hablado, y debido a la cantidad de información clasificada con la que ya cuenta la red, se trata de un canal perfecto para buscar las más variadas inspiraciones laborales, personales, de ocio, de moda, culinarias... incluso tecnológicas.

Algunos buscan ideas para decorar sus casas; otros van a la caza de destinos vacacionales. Propuestas para hacer regalos originales, frases lapidarias o bellas fotografías. Ese *collage* de imágenes totalmente personalizado de acuerdo con las preferencias de cada usuario, es cada día más una fuente inagotable de recursos.

4. Aspirando a lo que no se tiene

Muchos pinners no solo utilizan la red para buscar y almacenar cosas bellas que les puedan inspirar. A menudo, en el uso de Pinterest, también existe otra actitud muy interesante para encarar el enfoque comercial de la red, que podríamos bautizar como el fenómeno «me gusta y lo quiero».

Se trata de todas aquellas cosas o experiencias, que los usuarios identifican en Pinterest y que nos gustaría tener en nuestro poder, hacerlas realidad o vivirlas. Hablamos de bonitos utensilios de menaje para el hogar, pero también de escapadas turísticas a rincones idílicos, de recetas que queremos probar o de complementos a la última moda que queremos comprar.

Dicen algunos expertos que Pinterest tiene un arsenal de armas de seducción disparando todos los días contra millones de personas. Tal como explica Gabriela Taylor en su *Guía completa para marcas en Pinterest*, esta red es como «un puente entre la vertiente emocional y la vertiente comercial» del usuario a través del canal 2.0. Un definición perfecta para describir este arranque aspiracional (¿y consumista?) que provoca ver ciertas cosas en Pinterest.

5. Territorio franco

En Pinterest raramente encontramos «malas vibraciones», entendidas como contenidos o experiencias negativas mientras se navega. En esta red, la vida personal no cuenta y no suelen hacerse amigos como ocurre en otros canales. Pinterest es un territorio todavía bastante virgen, incluso en términos de publicidad (cosa que no durará demasiado), en el que fundamentalmente nos topamos con contenido visual atractivo y alineado con los intereses que nosotros mismos vamos marcando.

No existen polémicas políticas, rencillas personales, vidas ajenas ni autobombo... o al menos no tan expresamente como sí lo encontramos en otras redes. Es por ello, según algunos datos publicados, que menos del 1 % de los usuarios de Pinterest experimentan sentimientos negativos mientras hacen uso de la plataforma. Esto es, hoy por hoy, un punto positivo que Pinterest debería mantener con el tiempo, para garantizar su esencia diferenciadora.

6. El *repin* es el rey

Si por algo se caracteriza Pinterest es por su facilidad para la compartición de contenidos. Mediante el comando «Repin», un usuario puede replicar de la manera más directa y sencilla cualquiera de los contenidos que sea de su interés, archivarlo en algunos de los tablones y difundirlo entre su red de seguidores. Un concepto similar al «compartir» de Facebook, al «retuit» de Twitter o al «reblog» de Tumblr... pero muchísimo más efectivo por su sencillez e inmediatez en la acción.

Tanto es así que el «Repin» se ha convertido en la principal actividad de los usuarios en Pinterest, que más que subir a la red sus propios contenidos, muchos se dedican fundamentalmente a buscar y repinear contenidos de terceros. No importa que sean seguidores o no, porque recordemos que todos los *pins* publicados en la plataforma están disponibles para cualquier persona que los quiera consultar mediante las categorías sugeridas o por medio del buscador y las palabras clave.

Todas estas facilidades que ofrece Pinterest para favorecer la compartición de contenido aportan un dato significativo: el 80 % de los contenidos son «repineados». Un porcentaje brutal si lo comparamos con el solo 1,4 % de tuits que son retuiteados. El *repin* es, sin duda, una de las mejores opciones virales del momento en el vasto panorama del social media.

7. Larga vida al *pin*

Otro punto fuerte y diferenciador de Pinterest es el largo recorrido que pueden tener los contenidos allí publicados. A diferencia de otras redes donde el *Timeline* y el momento aquí/ahora prima por encima de todo, la línea de vida del contenido en forma de *pin* es totalmente diferente.

Tal como apuntaba Brian Madden, director de medios digitales del grupo Hearts en un artículo de *The Wall Street Journal*, los contenidos que su empresa vuelca en Pinterest en muchas ocasiones resurgen meses después de su publicación, cuando un usuario cualquiera los descubre por azar y los vuelve a compartir entre su red. Es el concepto de «longevidad» del contenido que no tienen tan desarrollado otras redes sociales que consiguen más interacción justo en el momento que se postea, pero no *a posteriori*. Los tuits, las imágenes de Facebook, incluso las entradas de blogs, muchas veces están destinadas a tener un recorrido muy corto en cuanto a visibilidad. Todo lo contrario ocurre en Pinterest.

Por otro lado, como veremos al hablar de esta red como herramienta de *marketing*, esta misma permanencia y longevidad obliga a las marcas a mantener *on-line* todos esos contenidos que un día publicaron. No es válido por ejemplo, retirar ciertos productos de una tienda *on-line*, aunque ya no sean de temporada. Si la referencia existe en Pinterest, cualquiera puede recuperar ese contenido y es mejor garantizar que no nos conduce a un enlace roto.

8. Favoritos sí, pero archivo también

Pinterest tiene otra función, además de ser una red social en la que buscar contenidos de interés e inspiración. Y es que la plataforma permite, más allá de acceder a todo tipo de imágenes, también archivarlas, organizarlas y clasificarlas según nuestros propios criterios e intereses temáticos. Se trata de una herramienta ideal para que podamos tener a mano nuestros favoritos, pero con una lógica avanzada, mucho más allá que guardar una URL.

Primero, el contenido, sea el que sea, tendrá la presentación de una imagen. Segundo, lo podremos almacenar en nuestro respectivo tablón, de temática personalizada y ponerlo a disposición del resto de la comunidad Pinterest. De esta sencilla manera, obtendremos una herramienta en la nube con muchísimo contenido almacenado de nuestro interés, al que podremos acudir cuando mejor nos interese.

Es por ello que la plataforma que un día Silbermann concibió como un lugar para coleccionistas *on-line*, acabó siendo una herramienta imprescindible para muchas personas que llevan a cabo proyectos personales o profesionales; ya que la utilizaban para documentarse primero y para almacenar después todo aquello que les ayudaría en su cometido.

Tal como ha reconocido el mismo creador de la herramienta, Pinterest es una máquina de indexación humana, con resultados mucho mejores de los obtenidos a través de determinados algoritmos.

9. Repartiendo juego

Según muestran algunos estudios, parece que otro de los puntos fuertes de Pinterest es que, debido a su misión fundamental de compartir y propagar contenido web a través de lo visual, se ha convertido en un valioso canal de tráfico referido hacia terceros. O lo que es lo mismo, se trata de un canal muy orientado a conversiones, tanto si las entendemos como visitas derivadas desde Pinterest o, incluso, como ventas electrónicas inducidas.

Apenas dos años después de su fundación, en febrero de 2012, Pinterest ya generaba más tráfico referenciado que otras tres grandes plataformas juntas: LinkedIn, Google+ y Youtube (según datos del *Shareaholic's Monthly Traffic Report*). Esta generación de tráfico ha ido *in crescendo* y muchas son las empresas (especialmente del mercado estadounidense) que aseguran que Pinterest les está reportando más visitas y más ventas que otras redes como Facebook o Twitter. Y es que casi el 80 % de las «especialidades» de Pinterest —entendidas como las temáticas más comunes de esta red— están directamente relacionadas con el comercio: moda, decoración, *gadgets*, belleza, diseño, etc. Y es por ello que los usuarios de

Pinterest suelen seguir más cuentas corporativas asociadas a dicho comercio, que los usuarios del resto de redes.

10. Exclusividad y compromiso (relativos)

Otra de las ventajas de utilización de esta red es que no es exclusiva, sino complementaria a otras propuestas ya existentes en el escenario Social Media.

De entrada, para acceder a ella, además de la opción mediante un registro estándar a través de una dirección de correo electrónico, el usuario también puede optar por hacer un simple *login* a través de las cuentas que ya tiene funcionando en Facebook o en Twitter. De esta manera, no existen prácticamente barreras que frenen al internauta en el primer momento de probar esta red. Del mismo modo, los contenidos de Pinterest pueden ser compartidos simultáneamente también en Facebook, animando a la interacción entre ambos canales y retroalimentando visitas.

Por último, la vertiente visual de la plataforma y la especialización temática en algunos temas, hacen que Pinterest sea un canal ideal como complemento, incluso un «hobby» más para muchos usuarios. También por el hecho de que no compromete demasiado a actualizar contenido ni exige un gran esfuerzo en su mantenimiento y/o interacción con el resto de *followers*.

EL RESULTADO: UNA NUEVA ADICCIÓN

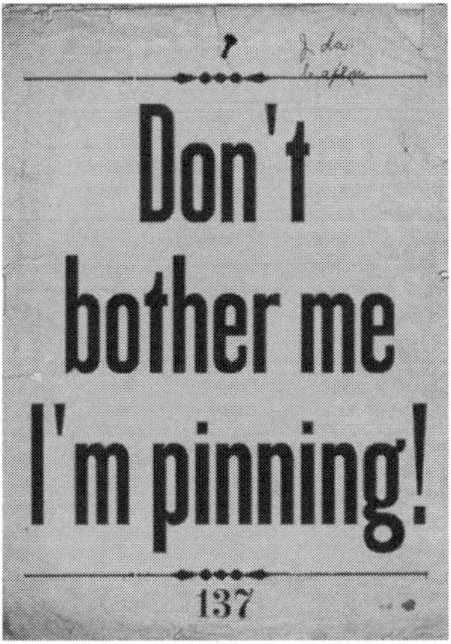

Explorando Pinterest uno se topa con numerosas imágenes, citas, viñetas... que reconocen sin pudor alguno el efecto adictivo que ya crea la red en muchos internautas.

Las personas que un día abren una cuenta y descubren su potencial, experimentan todas ese fenómeno de «enganche» que produce la sensación de navegar por un universo paralelo donde todo lo que existe es bello, llamativo y agradable a los ojos. Ya sean destinos para realizar viajes de ensueño, sofisticados zapatos, estancias decoradas con gusto sublime, apetitosos pasteles, manicuras perfectas, originales regalos... ¡Todo gusta en Pinterest!

Como comentamos con amigos o conocidos, tratando de explicar la «experiencia Pinterest», podríamos afirmar que esta red es un oasis de paz y relajo en el frenético laberinto del Social Media. Poder ver y compartir todas esas cosas bellas que recoge Pinterest, lo convierte en un espacio inspiracional y aspiracional de lo que allí encontramos. Es por ello que ver decenas de *pins* y repinearlos en algunos casos, produce ese efecto de tranquilidad, relajación o bienestar en muchas personas que ya no conciben su vida sin esta herramienta, como han ido comentando varios usuarios en los últimos meses. Cada uno de ellos enganchado a Pinterest buscando motivos y utilidades muy diferentes, relacionadas con aspectos personales o profesionales indistintamente.

Cada visita en Pinterest se prolonga durante una media de 16 minutos: una duración considerable en el panorama de las redes sociales. En total, se dedican 98 minutos mensuales a navegar por esta red. Para muchos *pinners*, el tiempo invertido en ella supone el momento o los momentos creativos del día, en el que dejan volar su imaginación a partir de lo que Pinterest les va ofreciendo, convirtiéndose así en un sano esparcimiento.

Este bienestar adictivo que provoca se justifica también porque Pinterest no genera, o al menos no tan directamente, las sensaciones encontradas que sí producen otros canales como Facebook o Twitter. Alejado de la autopromoción, del bombardeo de actualizaciones en los *Timeline*, de las descripciones minuto a minuto de lo que ocurre en las vidas de terceros... Lejos de la política, de los eventos a los que nunca irás, de los cotilleos de todo tipo, de las noticias corporativas, de los muchas veces ilegibles textos por ser demasiado largos en Facebook y excesivamente contraídos en Twitter... Nada de esto se «sufre» en Pinterest.

Por eso dicha red social se identifica con un canal de evasión donde buscar inspiraciones decorativas, explorar las tendencias de moda del momento, recopilar frases célebres, almacenar cosas bellas porque sí... sin más fin que tenerlo todo clasificado y a mano, para hacer volar la imaginación y poner en marcha la máquina creativa cuando sea necesario.

Mirando un perfil de Pinterest y sus correspondientes tablones, es posible imaginar e identificar qué tipo de persona es la que hay detrás: cuáles son sus gustos, sus aficiones, pero también sus proyectos, deseos y sueños. Si visitando un perfil de LinkedIn podemos conocer a los internautas desde su vertiente profesional y en Facebook o Twitter lo hacemos con una aproximación de «animal social», un perfil de Pinterest quita todas las máscaras y despoja al internauta de sus roles profesionales y sociales. Nos muestra su personalidad en esencia.

Todo este potencial que, por una lado, crea fidelización a la herramienta y, por otro, adicción (bien entendida), convierte a Pinterest en un espacio social media alternativo, complementario, como hemos dicho, al resto de canales. Con el punto fuerte y diferencial de que esta plataforma se acerca bastante sutil y sigilosamente a la verdadera persona que está detrás pineando.

CÓMO SER UN BUEN *PINNER*

Como pasa en todas y cada una de las redes sociales, y al igual que se van desarrollando argots propios en torno a cada plataforma, también se van perfilando de manera espontánea los protocolos de uso recomendado para que podamos ser «cibernéticamente» correctos.

La red Pinterest se caracteriza, como hemos ido viendo, por ser visual por encima de ningún otro atributo. Y esto supone que, en los contenidos de Pinterest, las imágenes prevalecen sobre los mensajes textuales. Que incluso, cuando los hay, suelen aparecer ilustrados o a través de infografías.

Por tanto, los usuarios de Pinterest no suelen caracterizarse por escribir largos textos ni explayarse en la descripción de cada uno de sus *pins*. A diferencia de otras redes en las que se emiten más mensajes, el usuario de Pinterest explora, observa, elige y pinea o repinea. La imagen, bien clasificada, ya lo comunica casi todo.

Si todavía te consideras un *newbie* en Pinterest y quieres conocer algunas de las normas sociales de su plataforma, te citamos a continuación unas sencillas recomendaciones:

Perfil

1. Rellena tu perfil, incluye una foto y preséntate con un breve texto representativo de tu persona. No olvides

incluir los enlaces hacia tus otras páginas o perfiles en redes sociales.

Contenido

2. Inventa nombres creativos y llamativos para titular tus *boards*/tablones. Así los harás más atractivos a terceros. Utiliza palabras clave que servirán para posicionarlos.

3. Sube a la red contenido propio, procedente de variados sitios web o bien creado por ti. No te limites a repinear (que es lo que gran parte de los usuarios hacen en Pinterest), demuestra tu creatividad aportando contenido. Recuerda que también se pueden pinear vídeos.

4. Diversifica tus fuentes y no abuses de repinear contenido siempre de un mismo usuario: incluso puede llegar a ser molesto para él. Utiliza variados perfiles y aumentarás también la riqueza de los contenidos de tu perfil.

5. Aunque el texto no sea lo más importante, inspírate y describe con gracia cada *pin* que incluyas en tu perfil. No optes por textos demasiado largos: los usuarios de Pinterest no están aquí para leer ni tú para descuadrar la maqueta del Home Feed a tus seguidores.

6. Utiliza etiquetas o palabras clave en las descripciones de tus *pins*. Facilitarás que otros encuentren tus contenidos.

7. Promociona moderadamente tus contenidos, especialmente si eres una marca o empresa. En Pinterest el *marketing* tiene que ser transparente.

Interacción

8. Interactúa con los *pins* de otros usuarios, comentándolos, indicando que te gustan o bien repineándolos. Tienes que dejar rastro del uso que haces de Pinterest.

9. Cita o referencia en tus *pins* a otras personas utilizando el comando @user. Reforzarás los vínculos entre usuarios.

10. Si es de tu interés, crea tablones abiertos y pide la colaboración de terceras personas para alimentarlos.

CONSTRUYENDO EL *PIN* PERFECTO

1.Utiliza una imagen bella y atractiva, que impacte.
2. Las imágenes han de ser grandes y de calidad: el mínimo es 81 píxeles, pero lo recomendable es pinear imágenes de al menos 300 x 300 píxeles. No hay máximos de tamaño establecidos.
3. Si es conveniente, añade a tu *pin* una cita o frase célebre.
4. Pinea la imagen en el tablero más indicado: los *pinners* que identifiquen este contenido irán a buscar más similares.
5. Añade una descripción breve a tu *pin*, informativa o persuasiva (unos 200 caracteres serán suficientes).
6. Si se trata de un producto, indica su precio
7. Verifica que la URL que conduce al contenido final está bien construida y no es dinámica, para evitar la corta caducidad del *pin*.

HISTORIA Y DESPEGUE: OTRA NUEVA VIEJA HISTORIA DE SILICON VALLEY

El «érase una vez de Pinterest» nos remonta a conocer una historia, quizás no tan asimilable a la de otras empresas tecnológicas de éxito. Su CEO y fundador Ben Silbermann, rompiendo los estereotipos asociados a los talentos de Silicon Valley, no es natural de California, ni tampoco cuenta con ninguna titulación de ingeniero.

La curiosa historia de este joven (actualmente solo tiene 31 años) empieza en una familia de oftalmólogos en el estado de Iowa y en su pasión por coleccionar sellos, hojas o insectos. Estudiante de Políticas en Yale, su primer trabajo fue de consultor de negocio en una empresa de Washington, montando gráficas de resultados e impartiendo presentaciones: siempre había destacado por su capacidad de hablar en público. Ya por aquel entonces, barruntaba la idea de emprender y crear su propio negocio, siguiendo muy de cerca todo lo que estaba sucediendo en la costa oeste y sintiéndose realmente fascinado por el polo de talento y oportunidades que era Silicon Valley. Algo grande estaba sucediendo allí y sentía que esta era la revolución tecnológica que marcaría a su generación. Fue entonces cuando Silbermann, infundido de ese espíritu romántico, decidió que quería estar cerca de todo aquello físicamente y, lo más importante, que también quería ser partícipe de ese episodio de la historia contemporánea.

Sin más dilación, se mudó a Palo Alto en compañía de su novia y consiguió un primer trabajo como *recruiter* para Facebook y, posteriormente, en el área de ventas de Google. Como él mismo ha reconocido en algunas de sus entrevistas, no ser ingeniero le impidió hacer carrera en estas grandes compañías. Aun así, y fascinado por el ambiente que se vivía en Silicon Valley, donde la innovación tecnológica era el deporte y el pasatiempo local, en 2008 decidió abandonar Google y embarcarse en su propia aventura.

Junto a su compañero de universidad Paul Sciarra, intentó dedicarse al desarrollo de apps para iPhone sin demasiado éxito. Pero persistiendo en su afán emprendedor de hacer algo grande, en 2009 empezó a fraguar el proyecto Pinterest junto a un tercer socio-fundador, su amigo arquitecto Evan Sharp. La idea era trasladar su afición por las colecciones al terreno *on-line* y desarrollar una herramienta para que cualquiera pudiera guardar, organizar y compartir todo aquello que le gustara coleccionar. Dando vueltas sobre cómo podría bautizarse, la mujer de Silbermann aportó la opción ganadora en la cena de Acción de Gracias de 2009. Pinterest sería el nombre de la herramienta; un juego de palabras que vendría a traducirse como «colgar intereses».

2010: *set-up* y lanzamiento

Una vez elegida la marca y también el nombre de la compañía (Pinterest Inc.) durante el primer trimestre de 2010 se empieza a testear la herramienta y se lanza en fase beta en el mes de marzo. Pocos eran los que querían invertir en una plataforma web promovida por tres fundadores de perfil no técnico. Es por ello que financiaron la causa como mejor pudieron: incluso Sharp trabajó como diseñador durante más de un año en Facebook para obtener ingresos y, como se suele decir, «pay the bills».

Había otra diferencia básica que extrañaba de este nuevo proyecto social media: mientras la realidad del momento parecía demostrar que lo interesante era esforzarse en el contenido *real-time* y de consumo inmediato, Pinterest ofrecía una herramienta orientada a guardar contenido, organizarlo y utilizarlo en un momento posterior. Abogaba por una actitud más reflexiva que extrañaba mucho en el contexto 2.0, donde lo habitual era utilizar *feeds* de texto en tiempo real «aquí y ahora». Pero precisamente fue este cambio de enfoque el que también ayudó a Pinterest a diferenciarse y a posicionarse como un servicio complementario, para que los internautas pudieran expresarse mediante otros formatos.

Durante los primeros meses de funcionamiento, en la primavera de 2010, Pinterest solo consiguió unos cientos de usuarios y el panorama no era demasiado halagüeño. Pero el «milagro» que Silbermann y sus colegas esperaban se empezó a obrar poco a poco a partir de aquel verano. Inesperadamente, algunos grupos de personas que habían asistido a demos y presentaciones de la herramienta se convirtieron en usuarios asiduos de Pinterest. Encantados de la experiencia que les ofrecía, empezaron a utilizar la plataforma para las más variadas tareas, en muchos casos alejadas de las que Silbermann tenía en su cabeza cuando puso en marcha la red.

Los usuarios poco a poco se fueron convirtiendo en unos miles y a finales de 2010 la web tenía unos 10.000

registros y la herramienta se comandaba desde un pequeño apartamento de Palo Alto donde trabajaban unos pocos programadores.

Curiosamente, a diferencia también de otros inicios de redes sociales y herramientas informáticas, la principal «inception» de Pinterest no se produjo en las costas americanas, donde suelen estar los *early-adopters* de todo este tipo de redes. En este caso, la idea caló fuerte primero en el medio oeste, en núcleos como Chicago, Houston o Minneapolis. A partir de ahí, el fenómeno se escampó al resto de Estados Unidos.

Como mencionábamos, todos estos primeros usuarios del medio oeste americano personalizaron totalmente la herramienta y la comenzaron a utilizar enfocándola a variados proyectos personales, más allá del simple ocio o entretenimiento. Planear bodas, organizar viajes, confeccionar listas de regalos, estudiar proyectos decorativos, compartir recetas, promocionar negocios, comercios, restaurantes... el listado de usos se hizo interminable y los fundadores de Pinterest empezaron a entender el potencial de todo aquello. Habían inventado un canal visual ideal para la autoexpresión personal o de marca.

2011, el despegue mediático; y 2012, la consolidación

El siguiente hito en la historia de la compañía se produjo en marzo de 2011, cuando Pinterest lanzó su aplicación para iPhone e, inesperadamente, obtuvo muy buena acogida. A partir de esta iniciativa para el mercado móvil, muchos fueron los usuarios que se iniciaron en Pinterest.

Y justo en el momento de arranque de esta curva ascendente, en agosto de 2011, se produjo otro *input* que impulsó la red. La prestigiosa revista *Time* incluía a Pinterest en el especial titulado «50 websites that make the web great», en el que se identificaban a todos aquellos actores imprescindibles del ecosistema web del momento. Y allí, en el puesto 38 y dentro de la categoría de Social Media, se mencionaba la herramienta de Silbermann: Pinterest salía listada junto a otros grandes como Google+, Quora, Klout o Storify. Aquella breve reseña catapultó con fuerza el despegue de Pinterest, todavía entonces en fase beta, al identificar a la herramienta como una sencilla y amena manera de clasificar y compartir imágenes y contenidos atractivos con el resto de internautas.

El mensaje caló hondo y en aquellos meses la popularidad de Pinterest se disparó, pasando de tener 1,2 millones de registros en agosto a 7,2 millones en diciembre: un crecimiento espectacular en solo 4 meses que lo convirtió en todo un *hype* del panorama social media. La web acabó el año 2011 entrando en el #Top9 de las 10 redes sociales más importantes del mundo, por delante de Google+, con 11 millones de visitas semanales, según el *ranking* de Hitwise. También recibió el premio TechCrunch a la mejor *startup* del año. Un dulce sueño que todavía iría a más y a mejor durante 2012.

Los nuevos récords llegaron pronto en el nuevo año. ComScore informaba en enero que Pinterest tenía ya 11,7 millones de usuarios únicos, convirtiéndose así en el *site* independiente que más rápido había logrado rebasar la barrera de los 10 millones en toda la historia de Internet. Un despegue espectacular en menos de 2 años. Para tener números con los que comparar este hito, podemos detallar que cuando Facebook llevaba 2 años funcionando (en 2005) solo tenía 6 millones de registros; en el caso de Twitter, eran solo unos 3 millones los registrados a los 2 años de vida (en 2008).

Otro estudio similar demostraba que en ese mes de febrero de 2012, Pinterest ya derivaba más tráfico referido a sitios de terceros que LinkedIn, Youtube y Google+ juntos. Poco a poco la red se iba posicionando entre los grandes y, lo que es más importante, despertando el interés no solo de los usuarios, sino también de las empresas, que ya la consideraban dentro de su Social Media Mix.

Ya afianzados en el éxito, la compañía empezó a crecer y a plantearse un programa de expansión, mejoras, ampliación de capital, líneas de negocio... Silbermann lo había conseguido y su sueño de formar parte de la historia de Silicon Valley era ya una realidad. ¡A pesar de no ser ingeniero!

El espíritu de superación de todo el equipo que hizo posible Pinterest, su constancia y su afán emprendedor, los dirigieron al éxito.

Pinterest hoy

Al mismo tiempo que se redactan estas líneas, la red Pinterest —con 3 años de vida y aproximadamente 40 millones de usuarios según ComScore y una media de 30 millones de visitas al mes en este primer trimestre de 2013— es noticia en los medios de comunicación especializados de todo el mundo. El motivo no es otro que su revalorización como empresa y que, tras conseguir una nueva ronda de financiación de 200 millones de dólares, el valor de la compañía se ha situado ya en 2.500 millones de dólares. Una cifra que ciertamente marea; especialmente al pensar que Pinterest no tiene actualmente un modelo de negocio claro, aunque esté más que demostrado el interés que suscita entre usuarios y empresas, que ven crecer sus posibilidades día a día.

Hace menos de un año el valor de la compañía se cifraba en 1.500 millones de dólares, tras una ronda financiera en la que levantó 100 millones a una compañía japonesa el pasado mayo. Si nos remontamos un poco más, a octubre de 2011, la primera ronda financiera para Pinterest Inc. fue de 27 millones, que colocaron entonces su valor en 200 millones de dólares. Las cifras asustan al ver su evolución.

Según ha explicado el propio CEO, estos nuevos recursos llegan ahora para facilitar el desarrollo de nuevos productos y servicios en torno a Pinterest, para acelerar su expansión internacional y ampliar aún más el alcance de dicha red social. Y ante todo, como citaba *The Wall Street Journal* en un reciente artículo, para ayudar a la empresa a introducir la única pieza que le falta a su modelo de negocio: la rentabilidad. Sobrepasado el punto de tener mucho éxito con los usuarios, ahora es el momento de ganar dinero y garantizar así la continuidad.

Si hablamos de estructura, el crecimiento en recursos humanos de la empresa ha sido igual de acelerado que su incremento de usuarios o de valoración de la compañía. Pinterest Inc. pasó de tener unos 20 empleados hace apenas un año a tener actualmente unas 80 personas en plantilla y en continuo proceso de ampliación. Del mismo modo, la sede de la compañía también se cambió durante 2012, dejando atrás la pequeña oficina de Palo

Alto, y estableciéndose en un espacio de más de 5.000 m2 en San Francisco.

Si repasamos las audiencias de Pinterest y su evolución meteórica, según datos de ComScore, la red tuvo en el mes de diciembre de 2012 48 millones de visitas. Si nos remontamos a un año atrás, en diciembre de 2011, eran tan solo 9 millones de visitas las contabilizadas, multiplicando así los resultados por 5,3 en un año. Solo en Estados Unidos, también según ComScore, la red Pinterest obtiene cada mes más de 25 millones de visitas.

Si tomamos como fuente el *Social Media Report 2012* de Nielsen en Estados Unidos, este identifica a Pinterest como la gran sorpresa del año, dedicándole expresamente un capítulo del informe y remarcando su crecimiento anual de +1.047 % en usuarios únicos de PC (tomando como fechas de julio de 2011 a julio de 2012). Un crecimiento que, por comparar, para Twitter solo fue del 13 % en el último año y que en el caso de Facebook, supuso un decrecimiento de –4 %.

Estos y muchísimos otros datos apuntan a que Pinterest parece ser ya la tercera red más popular del mundo en lo que a visitas se refiere, siguiendo, eso sí, a bastante distancia a Facebook y a Twitter. Concretamente, si nos volvemos a centrar en Estados Unidos, por ser el país que muchas veces marca las tendencias posteriores, según una investigación de la empresa PEW Research, el pasado mes de diciembre ya existía un nivel de penetración de Pinterest muy similar al de Twitter en EE.UU.: mientras un 16 % de los internautas estadounidenses tenían cuenta de Twitter, un 15 % ya la tenía también de Pinterest. Con un 13 % de penetración quedaba Instagram y con solo un 6 % Tumblr. Los datos de las cinco redes más populares en EE.UU. se completan con el aplastante 67 % de penetración que ostenta Facebook.

Focalizando en España, según el *ranking* Alexa del mes de enero de 2013, Pinterest es la página n.º 31 de las más vistas en nuestro país; la n.º 34 a nivel mundial y la n.º 14 en EE.UU. En total, el 2,5 % de los visitantes de Pinterest proceden de España, un porcentaje muy similar al de otros países europeos como Reino Unido, Francia o Alemania. En total son unos 700.000 los usuarios españoles que usan la red, siendo su mayoría mujeres de 24 a 35 años. Un año atrás, solo 21.000 españoles usaban Pinterest.

Si hablamos de cómo y quién es el usuario de Pinterest, hay un rasgo muy diferenciador de esta red respecto a otras: la mayoría de sus usuarios (cerca de un 80 % según algunos estudios) son mujeres, la mayoría entre 25 y 45 años y el 50 % de ellas con hijos. Este es el retrato de la usuaria Pinterest, que se corresponde aproximadamente con la generación del *baby-boom* norteamericano. Un *target*, sin duda, muy interesante para determinados tipos de marcas presentes en Pinterest, como veremos en las secciones dedicadas a hablar de esta red como canal de *marketing* y de comercio electrónico.

Pinterest Queen

EL FUTURO: EL GRAN RETO DE LA MONETIZACIÓN

A pesar de su gran popularidad obtenida entre algunos segmentos de la población internauta, que es lo que fundamentalmente les ha hecho conseguir financiación y ganarse la confianza ciega de los inversores, a Silbermann y a los suyos les queda el reto más importante por delante: monetizar su red.

Y es que las buenas ideas que nacen y que crecen silenciosamente gracias al apoyo de mucha gente, suelen tener que adaptarse y reenfocarse posteriormente, buscando la mayoría de las veces retorno económico y salida comercial. Algo que vemos constantemente en los negocios de Internet y, específicamente, en el Social Media.

Como ya citaremos en capítulos posteriores, está suficientemente comprobada la eficacia de Pinterest para derivar tráfico a terceros, sugerir e influir en las decisiones de consumo e, incluso, reportar ventas directas *on-line* a través del Social Commerce. Pero los primeros interesados en percatarse de lo que sucedía sigilosamente en su red eran los propios miembros de la compañía que, al parecer, tardaron en darse cuenta que su propuesta tenía que trabajarse y atraer no solo al usuario particular —altamente satisfecho con la herramienta— sino también a las empresas para que utilizaran la red como un canal más de comunicación y venta.

En realidad, lo que aconteció es que las empresas tomaron la delantera y la iniciativa, utilizando perfiles particulares de Pinterest (porque no existían otros) para poner en marcha sus canales corporativos: el mercado va más rápido muchas veces que las decisiones y los desarrollos internos. Y a remolque de lo que estaba pasando, y una vez comprendido el valor comercial que su red estaba adquiriendo, Pinterest Inc. creó un departamento específico para interactuar con las empresas y desplegó sus cuentas corporativas en noviembre de 2012.

El nuevo acceso *business.pinterest.com* permite desde entonces crear las cuentas corporativas de empresas (también migrar las anteriormente creadas) con unos términos y condiciones diferentes a los de las cuentas personales. Además, con el nuevo enfoque, también se facilitaron herramientas específicas para reforzar el tráfico dirigido, tales como la integración del botón «Pin It» o el de «Seguir en Pinterest», junto a otros *widgets* para insertar el perfil y/o un determinado *board* en las webs corporativas.

El trabajo de convencimiento y las indicaciones para un buen uso comercial de la red estaban ya elaboradas. Muchas empresas tenían casos de éxito, que Pinterest se apresuró a contar al desarrollar toda esta vertiente de *business*. Así, en las páginas de ayuda, podemos ver ejemplos reales de algunas de sus *best practices* por parte de algunas marcas o empresas como Whole Foods, Elle Magazine, Oscar de la Renta, Bergdorf Goodman, Urban Outfitters... y muchos otros.

Otra gran novedad del momento, ahora que se cumplen los tres años del lanzamiento de Pinterest (marzo de 2010 - marzo de 2013), ha sido el reciente lanzamiento de una herramienta propia de estadísticas: *Pinterest Web Analytics*, que la compañía ha desarrollado y puesto en marcha para las cuentas corporativas que tengan asociado un *website* verificado y puedan así fácilmente analizar en detalle el tipo de contenido que es de interés para los usuarios y saber cómo estos se interrelacionan con la red: cuántas personas han pineado, cuántas han visto cada *pin*, cuántas visitas se han derivado desde Pinterest, cuáles han sido los elementos más repineados, etc. Con esta herramienta, se pretende mejorar todos los servicios destinados a empresas, apuntando claramente a poder sacar una futura rentabilidad económica a dichas métricas.

También coincidiendo con el tercer aniversario de la red, Pinterest ha recién estrenado un *New Look* para su plataforma, con un *restyling* en el que las imágenes (los *pins*) son más grandes, los menús de navegación más sutiles y es más sencillo explorar el contenido de aquellos tablones de los que estemos repineando, sin ni siquiera cambiar de pantalla. Mejoras de navegación que Pinterest ha implementado consultando a sus usuarios y con el objetivo de mejorar la experiencia de uso.

Publicidad, sí o no y cómo

Por otro lado, y siguiendo con el gran reto de la monetización, hay otro término fantasma que hasta ahora no ha ingresado en el entorno Pinterest, aunque parece que su sombra alargada cada vez está más cerca y, más pronto que tarde, aparecerá en las cuentas de todos los usuarios de la red. Nos referimos a la publicidad.

Declaraciones recientes de los directivos de Pinterest Inc. con motivo de la recapitalización de la compañía apuntaron que el factor publicidad llegaría a dicha red en forma de sugerencias de contenido: en función de lo que en aquel momento esté buscando, pineando o repineando el usuario, se le sugerirán anuncios sobre temáticas vinculadas. El ejemplo que se utilizó fue el de un usuario al que, añadiendo imágenes de trajes de baño, podría sugerírsele, por ejemplo, un hotel resort.

Estaremos expectantes para ver realmente cómo los equipos de Pinterest integran y solucionan este elemento publicitario y, lo que es más importante, sin duda, como lo recibirán los usuarios, demasiado bien acostumbrados a navegar libremente y sin ningún tipo de presiones por dicha red.

Y para finalizar, no podemos obviar que otro gran reto de Pinterest es su expansión internacional, ya que hasta el momento más de la mitad de sus usuarios y visitas provienen del mercado norteamericano. Como curiosidad vinculada a este reto de internacionalización, digamos que entre las posiciones abiertas actualmente en la página de reclutamiento de Pinterest Inc. se encuentra la de un *country manager* para Japón. ¿Será este el país donde Pinterest abra su segunda sede?

PINTEREST Y LAS INDUSTRIAS CREATIVAS

Una de las grandes diferencias de Pinterest respecto a otras redes sociales es que, debido a su poder eminentemente visual, construido a través de imágenes, fue, desde el principio, un canal que atrajo de forma descarada a todas las actividades de alto componente artístico, creativo y visual. Y es que Pinterest se asemeja bastante a cualquier «moodboard» utilizado por algunos perfiles como diseñadores, publicistas o artistas de todo tipo, en el que inspiran sus creaciones. Esta unión de lo artístico con lo tecnológico encontró su mejor expresión en Pinterest.

Debido a esta carga eminentemente visual ciertos segmentos profesionales que hasta el momento no habían acabado de encontrar su lugar en la Red descubrieron en Pinterest un gran aliado, por ser una plataforma que apostaba más por la imagen que por el texto. Quizás la única propuesta hasta el momento que se había posicionado de manera similar, debido a su orientación más visual y menos textual, había sido la herramienta de microblogging Tumblr, fundada por David Karp en Nueva York en 2007, también con un fuerte vínculo con este tipo de actividades creativas.

Por actividades creativas entenderemos todas aquellas en las que el producto o servicio que se desarrolla contiene un elemento artístico o creativo de base. Actividades que la mayoría de las veces se perciben por los sentidos, que pueden remover las emociones y cuyo valor reside en la experiencia del que las consume. Así pues, en el gran paraguas de las industrias creativas —en pleno proceso de transformación debido también al desarrollo tecnológico y digital que irrumpe en los procesos de creación y difusión de las mismas— se engloban actividades como la arquitectura, el arte, la decoración, la artesanía, el diseño, la fotografía, la moda, el audiovisual, la publicidad, la ilustración, la industria editorial, el turismo cultural, etc. Toda esta enumeración, como podrán observar los más familiarizados con Pinterest, son algunas de las temáticas más populares y que acaparan gran parte del contenido de esta red social que nos ocupa.

¿El motivo? Pues haciendo una sencilla reflexión veremos cómo la mayoría de dichas actividades se traducen en «productos» que se pueden percibir por los sentidos y, más concretamente en los casos citados, a través de la percepción visual. Una excepción sería, por ejemplo, la música, que siendo industria creativa, no la hemos incluido expresamente en el listado de ejemplos porque no cumpliría con este carácter de transmisión iconográfica.

Al parecer, muchas de las personas, bien creadoras o bien amantes y degustadoras de todas estas industrias creativas, han encontrado en la propuesta de Pinterest un rincón en el 2.0 en el que mostrar, o bien explorar, buscar y deleitarse con muchas cosas bonitas e inspiradoras procedentes de estas actividades previamente citadas: fotografías, decoraciones, joyas, diseños, ilustraciones... Ciertamente Pinterest es la red creativa por excelencia, si observamos el gran componente artístico, visual y artesano que tienen la mayoría de sus contenidos.

Ya lo mencionaremos en el apartado dedicado al comercio electrónico, así como también en el capítulo que trata sobre las oportunidades profesionales que ofrece Pinterest, pero realmente este canal se ha convertido en un trampolín para que el trabajo de muchos pequeños diseñadores, artesanos o artistas de cualquier rincón del mundo vea la luz y pueda llegar a un gran número de público, a través de la recomendación, el boca-oreja, o lo que en este caso sería *pin* y *repin*.

La clave de todo este fenómeno de Pinterest como red social de culto para las industrias creativas, la tienen la combinación de tres factores: el primero, la transmisión del contenido a través de la imagen, un lenguaje universal y sin fronteras. El segundo, la capacidad de la plataforma de derivar tráfico de una forma muy sencilla hacia las fuentes originales de las que provienen los contenidos. El tercero, y fundamental, el gran poder del *repin*, transformado en un «word of mouth» sencillo, efectivo y de alcance global.

El escollo de la propiedad intelectual

Más allá de la variable creatividad, existe otra característica inherente a las industrias creativas, que hasta el momento no hemos nombrado porque supone un tema específico a tratar en el caso de Pinterest: la propiedad intelectual. El motivo de un tratamiento aparte es porque el tema ha suscitado —y todavía suscita— algunas controversias vinculadas a la protección de los derechos de autor.

Si retomamos el discurso de las industrias creativas —que como hemos dicho representan un elevado porcentaje en los contenidos difundidos a través de

Pinterest— no podremos obviar que los productos que se generan a través de ellas tienen, en su gran mayoría, un autor reconocido y las ganancias o bienes percibidos, en muchos casos, provienen precisamente a través de esta explotación de la propiedad intelectual.

¿Qué ocurre entonces cuando el trabajo de un determinado artista o creador es colgado en Pinterest a través de un tercero? De hecho, la mayoría de las imágenes en Internet tienen un autor, por tanto ¿todo *pin* subido desde una página web a Pinterest infringe los derechos de imagen, si no tiene el permiso explícito de su autor para hacerlo?

La alarma sobre este tema la despertó la fotógrafa y abogada estadounidense Kirsten Kowalski a principios de 2012 (cuando la red se comenzaba a popularizar), publicando una entrada en su blog en la que ponía en duda el buen hacer de Pinterest respecto a temas de propiedad intelectual, tanto desde el punto de vista de autora, como desde su faceta de usuaria habitual de la red. Como recogen algunas crónicas en Internet, sus quejas dieron fruto y el mismísimo Ben Silbermann se puso en contacto telefónico con ella para escuchar atentamente sus preocupaciones y sus sugerencias al respecto como conocedora de la ley. A partir de aquel momento, y recogiendo algunas sugerencias de la abogada, Pinterest reaccionó con varios cambios en relación con este controvertido tema.

Por un lado, redactó con otro enfoque la cláusula de protección intelectual, cubriendo mejor a los usuarios de Pinterest en su actividad de subir imágenes a la red, pero proporcionando también una herramienta de denuncia para que los propios usuarios informaran de las imágenes publicadas con algún tipo de abuso. Por otro lado, y esta vez para garantizar la propiedad intelectual de todo aquel que no quisiera estar en Pinterest, creó y facilitó un sencillo código meta (<meta name=«pinterest» content=«nopin» />) para que fuera incorporado en todas aquellas páginas que no desearan que sus imágenes se pudieran referenciar en la plataforma.

Otras interpretaciones, respecto a este tema de la propiedad intelectual, apuntan también que todas las imágenes subidas en Pinterest por los usuarios se están utilizando en el régimen que la ley norteamericana considera como «fair use»: un uso limitado del material protegido sin permiso, con motivo de hacer una crítica, un comentario, dar una información o en el marco de la enseñanza. Es por este razonamiento que Pinterest, hoy por hoy, te obliga siempre y en todos los casos a añadir un comentario propio asociado al *pin* que estás subiendo a su sistema. Este comentario sería el que serviría para un supuesto argumento de «fair use», también traducido como «uso legítimo o razonable».

Parece que dicha baza del «fair use» dejaría de ser aplicable en el momento en que Pinterest empiece a monetizar de alguna manera su negocio. Hoy por hoy, la plataforma no está obteniendo ingresos todavía (al menos abiertamente declarados) y por tanto no es aplicable el enfoque comercial que desmontaría el argumento del «fair use».

Se como sea, y sin olvidar que Pinterest deberá seguir trabajando duro en esta dimensión de la propiedad intelectual y los derechos de autor, es más que reconocido por una gran mayoría de autores y artistas —incluida la propia Kirsten Kowalski que destapó la polémica—

que Pinterest es para ellos una inestimable plataforma de promoción, que da visibilidad a sus obras y creaciones, aumenta las visitas de sus webs y, por tanto, incrementa el número de sus clientes potenciales, no solo localmente sino de forma global. Ejerce una evidente estrategia *win-win* a tres partes: entre los usuarios que muestran y comparten sus gustos dando así uso a la plataforma, y a la vez, promocionando y divulgando el trabajo de terceros: en este caso autores y creadores vinculados a las industrias creativas, que son los que precisamente reivindican esta atención especial en relación con la propiedad intelectual de sus obras.

PINTEREST: LA NUEVA BAZA DEL *MARKETING ON-LINE*

Según declaraciones de Lawrence Lenihan, director general de Capital FirstMark y uno de los primeros inversores de la red social de Silbermann desde sus principios: «Pinterest es una plataforma de *marketing*». Una rotunda afirmación que justificaba su clara apuesta de futuro por esta particular red articulada en forma de tableros virtuales.

Y parece que, poco a poco, el tiempo le ha ido dando la razón, ya que los contenidos visuales en la red han ido tomando cada vez mayor protagonismo y ganando terreno a todos aquellos de carácter más textual. Tal como mencionamos en capítulos anteriores, la web visual es actualmente una tendencia consolidada y Pinterest es, hoy por hoy, un canal de *marketing* afianzado que ayuda a propagar marcas y productos a través de imágenes atractivas, etiquetadas y clasificadas por la multitud.

Según datos de 2012, el 25 % de las empresas listadas en el índice Fortune tenían presencia en Pinterest, y también el 51 % de las 100 mejores marcas según la consultora Interbrand. Una alta representación, teniendo en cuenta que la línea de negocio corporativa ofrecida por la red social no se puso en marcha hasta el último trimestre del año 2012. Una vez más, el mercado se comportó más rápido que el propio producto y se subió a un tren que no estaba ni en marcha. Ahora que el tren ya camina, son cada vez más las empresas que ven y detectan las potencialidades de la red: según predicciones de la compañía PinLeague (especializada en *brand marketing* a través de Pinterest), a finales de 2013, el 90 % de las Top 1.500 marcas del mundo estará ya actuando en esta red.

Varios han sido los casos conocidos de empresas que se sorprendieron gratamente analizando sus estadísticas y viendo el gran tráfico web que les derivaba una nueva red llamada Pinterest. Un ejemplo fue el del portal gastronómico Allrecipes.com, que ya en 2011 creó su perfil y a mediados de 2012 implementó en todo su contenido el botón «Pin it». Viendo los números y la cantidad de visitas que procedían de Pinterest —hay que tener en cuenta que la categoría «Food & Drinks» es una de las más populares de esta red—, los de Seattle se pusieron en contacto con la empresa californiana y solicitaron audiencia para estudiar posibles negocios. Aunque han reconocido que pasaron varios meses antes de que nadie les diera respuesta por parte de Pinterest, actualmente ambas plataformas son *partners* y colaboran con éxito. Los directivos de Allrecipes.com aseguran que la red de los tableros virtuales les reporta 6,5 veces más tráfico referido que Facebook.

¿Por qué empresas como Allrecipes.com u otros vieron claramente en Pinterest una oportunidad, aun cuando no era tan conocido? Muchos y variados fueron los indicios que señalaban que esta iba a ser una red interesante para posicionar determinadas marcas, productos o servicios. Principalmente, porque estaba atrayendo la atención de un público mayoritariamente femenino y de considerable poder adquisitivo, con familia a cargo, interesado en explorar y buscar ideas o inspiraciones en la red. Ideas que, a continuación, en muchos casos, estarían vinculadas al consumo de productos o servicios relacionados. Un público al que, muchas veces, no se llegaba con buenos resultados al utilizar otras redes sociales.

Si analizamos el tipo de contenidos, veremos que en Pinterest residen *inputs*, como hemos dicho, eminentemente visuales que ligan, en la mayor parte de sus categorías establecidas (aproximadamente en un 80 %), con temas vinculados a un enfoque comercial o de consumo. Según un estudio de la empresa especialista en *business intelligence* RJMetrics, las diez temáticas más populares y con más contenidos pineados en 2012 fueron, por este orden: Decoración del hogar (17,2 %), Manualidades y artesanía (12,4 %), Moda y estilo (11,7 %), Comidas y bebidas (10,5 %), Educación (9 %), Vacaciones y eventos (3,9 %), Humor (2,1 %), Productos (2,1 %), Viajes (1,9 %) y Niños (1,8 %). Y si analizamos las fuentes más comunes de donde proceden algunos *pins*, de acuerdo con el mismo estudio mencionado de RJMetrics: Etsy (un *marketplace* de artesanía), Google, Flickr y Tumblr. Haremos un pequeño enfoque en el caso de Etsy y la perfecta simbiosis que vive con Pinterest en el siguiente capítulo dedicado al Social Commerce a través de esta red.

Se trata de personas buscando... ¿pero qué?

Si reflexionamos sobre la principal función de Pinterest, mirándolo desde la óptica del *marketing on-line*, sería poder explorar y descubrir cualquier tipo de contenido en la red. Cuando no sabemos qué es lo que queremos buscar, es imposible trasladar nuestra necesidad a la lógica de Google o de Amazon, plataformas en las que buscamos cosas concretas a las que ya sabemos ponerles nombre. Por el contrario, ante esta misma situación, sí es posible sumergirnos en la lógica de Pinterest y dejarnos llevar en la búsqueda de ideas o inspiración entre lo que esta red —o más bien sus usuarios— tienen que mostrarnos y recomendarnos.

Así pues, la posición estratégica que ante esta «lógica Pinterest» han de tener las empresas en relación con esta red, ha de ser la de ofrecer contenidos atractivos y de calidad, que el *pinner* pueda descubrir, publicar (pinear) y posteriormente diseminar entre su red (repinear). El objetivo: que el usuario pueda encontrar aquello que todavía no sabe que está buscando y que en su proceso de inspiración obtenga resultados: y si el proceso finaliza en forma de compra, mucho mejor para la empresa en cuestión. Como citaba el periodista David G. Ortiz en un artículo para Lainformacion.com, en lo que se puede considerar un símil muy acertado: «si alguien encuentra perlas escondidas en Pinterest es porque otros se han dedicado a recogerlas». En este caso, es la empresa o la marca en cuestión la que debe participar activamente en saber colocar esas perlas o en poner todas las facilidades para que un tercer usuario pueda recogerlas y mostrarlas a su red (recordemos las altas posibilidades de *repin* que existen, rondando el 80 %). Porque Pinterest es un gran escaparate de imágenes, donde se hace «Window shopping» en comunidad y se comparten los mejores descubrimientos o fichajes. Posteriormente, llega la clave viral: el *repin*. Que es lo que ayuda a generar visitas y reputación.

¿Tiene mi marca espacio en Pinterest?

¿Es Pinterest adecuado para todo tipo de empresas? Diríamos que sí, siempre y cuando se sepa utilizar bien el canal y entender que funciona con una lógica distinta a la de otras redes. Aunque es cierto que, por su naturaleza visual, que centra sus mayores potencialidades en el poder de la imagen, hay ciertas empresas o marcas, que por su tipo de actividad comercial, tienen mucho más jugo que exprimir a la propuesta de Pinterest. Y no solo hablamos de negocios o productos visuales, que se venden a través de los ojos, sino hablamos también de empresas y marcas que van más allá. Que con sus productos y servicios proponen «estilos de vida» determinados y venden valores, conceptos y ciertos intangibles que las convierten en marcas apetecibles y aspiracionales. Y que tienen fieles comunidades de clientes admiradores que las siguen activamente en sus diversos canales. Según algunos datos publicados, el 43 % de los usuarios de Pinterest reconocen seguir a sus marcas favoritas a través de la red. Solo el 24 % de los usuarios de Facebook reconocen hacerlo.

Los *early-adopters* de Pinterest, desde el punto de vista de las empresas, fueron las marcas de Moda, eCommerce y el sector Media. Las siguieron muy de cerca grandes marcas de consumo, con también una altísima actividad 2.0 (McDonalds's o Coca-Cola serían un ejemplo). A partir de aquí, y especialmente en Estados Unidos, Pinterest se comenzó a poblar de marcas de lo más variopinto: universidades, ONG, marcas deportivas, entidades gubernamentales, entidades benéficas, etc. Todos encontraron su motivo y su estrategia para estar en él.

En el caso de las empresas más alejadas de una dimensión visual, el reto sería ser creativo y adaptar la propuesta comunicativa al canal. Crear contenido de calidad interesante, producir fotografías, maquetar infografías o simplemente hacer una buena selección de contenido que se relacione con los valores, enfoques, alcance y actividad de tu servicio o producto y, lo que es más importante, los gustos de los que podrían ser tus potenciales clientes.

Ante esta diversidad de marcas y empresas que ya utilizan Pinterest en su estrategia de Social Media Marketing, pondremos como ejemplo una de las cuentas corporativas más curiosas encontradas en Pinterest: el perfil del U.S. Army o ejército norteamericano (pinterest.com/USArmy).

Con una estrategia muy potente en redes sociales, la que es una de las instituciones por excelencia en Estados Unidos decidió desembarcar también en Pinterest. ¿Por qué? ¿Con qué finalidad? Además de para dirigirse a las muchas mujeres vinculadas a esta organización —bien en su papel de miembros del ejército o en su papel de familiares y esposas—, el U.S. Army utiliza Pinterest para mostrar buena parte de sus misiones en marcha, acciones de ayuda humanitaria, catástrofes naturales, voluntariado... buscando ofrecer también así una cara más amable de sus actividades. Es realmente toda una experiencia visitar sus tablones y ver cómo usan el canal para propagar sus valores y toda esa aura épica que el ejército americano desea transmitir a la sociedad, haciendo campaña también con orientación al reclutamiento. Quizás no es tan banal la decisión de utilizar un canal como Pinterest para ello, y lo sabe bien todo el equipo del Pentágono encargado de la estrategia Social Media.

Cocreación y *engagement*

Otra acción de *marketing* que se ha convertido en popular en el entorno Pinterest por parte de algunas marcas, ha sido la de poner en marcha campañas, concursos o acciones vinculadas al *gaming*, mediante la dinamización de determinados tablones participativos. Son las iniciativas que ya se conocen como «Pin it to Win it».

Pedir la colaboración del usuario subiendo fotos sobre un determinado tema o incluso jugar a los rompecabezas, son algunos de los creativos ejemplos que hemos visto hasta el momento en la red, y que día a día se van sofisticando. En términos de *engagement*, Pinterest es una herramienta muy indicada para dinamizar procesos de cocreación con sus seguidores, bien pidiendo su participación mediante la aportación de contenidos e ideas, o sencillamente su opinión sobre propuestas lanzadas desde la marca, como si de un terreno de pruebas o estudio de mercado se tratase. Esta práctica no es ni mucho menos exclusiva de esta plataforma —ya que otras redes sociales también permiten hacer acciones similares— pero, en este caso, Pinterest aporta su especialización «visual».

Ejemplos para ilustrar este tipo de campañas en Pinterest podríamos poner muchos, pero es muy sencillo encontrarlos en la red. Marcas tan diversas como Coronita, Guess, Women'secret, Amnesia Ibiza, General Electric, Sony... han puesto en marcha concursos en los que pedían a sus seguidores crear determinados tablones, compartir imágenes o proponer ideas e inspiraciones. Los ganadores se suelen elegir por grado de originalidad, por número de *repins* o simplemente por sorteo. En todos los casos se busca la participación con la marca y la identificación con un determinado abanico de atributos o intangibles asociados a ella, haciéndolo a bajo coste, de una manera lúdica y poco intrusiva.

Haremos mención de una original campaña desplegada en Pinterest por Peugeot en 2012, en la que proponía un reto a los usuarios: completar las piezas de un puzle, subiendo determinadas imágenes a los tablones de Peugeot en Pinterest. Para ello, el usuario tenía que navegar e ir a recuperar las piezas que faltaban en la página de Facebook o en la web corporativa, interrelacionando así los tres canales. La práctica resultó todo un éxito y, según datos ofrecidos por la propia compañía, consiguió 50.000 interacciones en Pinterest (sumando *likes* + *pins* + *repins*) y sirvió para aumentar los fans de Facebook en un 320 % y los *followers* de Twitter en un 180 %; favoreciendo también largos tiempos de visita en las webs corporativas y reforzando el conocimiento de marca en todo el mundo. En este caso, era una acción impulsada desde el mercado de Panamá.

Una variante del «Pin it to Win it» son las campañas «Pin it to Give it», también desarrolladas ya por algunas marcas en Pinterest y que se caracterizan por su orientación benéfica o filantrópica. Al igual que en los concursos, se busca también la implicación o participación de los *followers*, con la diferencia de que detrás del hecho de pinear, repinear o comentar, existe un fin benéfico, vinculado a campañas de sensibilización o compromiso social. Por poner un ejemplo al respecto, mencionaremos la campaña «Look Good, Feel Better», liderada por la marca de belleza Elisabeth Arden, para donar productos cosméticos a mujeres enfermas de cáncer durante su tratamiento: uno por cada *pin* conseguido bajo el tag #PinItToGiveIt.

Otra bonita *best practice* utilizando a Pinterest como canal de *engagement* y aproximación a los clientes, fue la llevada a cabo por la marca de productos de higiene femenina Kotex en Israel. Explorando algunas de las inspiraciones o gustos que ciertas mujeres declaraban tener mediante sus tableros, Kotex decidió convertir sus pequeños deseos en realidad y envió 50 regalos «Pinterest-based» a estas 50 mujeres. El resultado fue una amplificación brutal de la acción, con fotos posteadas en Pinterest, Facebook, Twitter e Instagram. En total 2.284 interacciones y unas 700.000 impresiones de estos contenidos, bajo la marca Kotex. Una acción de Social Marketing, ligada a los conceptos de humanización y servilidad de las marcas, uniendo las experiencias ON/OFF entre el mundo real y el mundo digital.

Como hemos visto en todos estos ejemplos, vale la pena hacer el esfuerzo y adaptarse (siempre que sea posible y sin forzar en exceso) a los requerimientos de la red Pinterest para situar en ella las marcas. El retorno se traduce en visibilidad, reputación y *branding*; la empresa marcará tendencia e impondrá sus propuestas visuales entre su segmento de público. Establecerá comunidad, *engagement* y seguidores que pondrán en marcha los engranajes del boca-oreja. Reforzará la estrategia Social Media y generará tráfico y visitas hacia las webs corporativas o resto de perfiles 2.0. Por último, aproximará la acción de *marketing* muy cerca del momento de la venta, como veremos a continuación.

THEY HAVEN'T LIKED, FRIENDED, FOLLOWED, FANNED, SHARED, OR PLUSSED US, BUT MAYBE, JUST MAYBE, THEY'LL PIN US
TOM FISH BURNE
Pinterest MARKETING
© marketoonist.com

PINTEREST Y SOCIAL COMMERCE: MÁS CERCA DE LA COMPRA

Como hemos mencionado a lo largo del libro, la diferencia fundamental de Pinterest respecto a otras redes es que ayuda a descubrir a los internautas cosas que les gustan, que quieren tener, hacer o experimentar. En ese sentido, se trata de un gran «catálogo *on-line*» de productos y servicios que, en la mayoría de las ocasiones, se pueden adquirir mediante la compra, contratando a terceros o realizándolos por nuestra cuenta y riesgo (como sería el caso de las muchas propuestas DIY —Do it yourself— o las recetas de cocina que encontramos en Pinterest).

En algunos de los casos, bastantes como veremos, la adquisición directa del producto localizado a través de Pinterest se produce mediante la transacción electrónica, animando así el eCommerce. En otros, se traduce en una compra posterior en modo *off-line*, cuando el usuario acude a los comercios físicos a buscar aquello que ha identificado en la red. Ambas casuísticas son ventajosas para la empresa o marca final, que por ello ha de mirar Pinterest desde una óptica bien diferente a la de otras propuestas de Social Media, más orientadas quizás a la comunicación o interacción con el cliente, pero en esencia más alejadas de las conversiones en términos de compra final.

Parece ser que ha llegado el momento en el que cada una de las redes sociales de éxito vayan conformando su identidad y posicionándose en una especialidad digital: si Facebook lo ha hecho con las relaciones interpersonales (es la red de los «amigos»), Twitter lo ha hecho con la vertiente informativa (tuits a modo de alertas o teletipos) y LinkedIn ha optado por la especialización profesional (red de contactos para los negocios y el empleo)... Pinterest está conformando una de sus especialidades en torno al comercio electrónico (otra sería las industrias creativas de las que hablábamos en capítulos anteriores).

¿Por qué este «inesperado» éxito en el territorio del Social Commerce, o comercio electrónico a través de Pinterest? La primera reflexión es obvia: el factor femenino de la red, ya que son las mujeres las que lideran el consumo a través del comercio electrónico, siendo ellas las que realizan un 80 % del total de transacciones que se hacen en Internet a nivel mundial. Y si este dato lo cruzamos con el hecho de que la gran mayoría de usuarios activos en Pinterest (entre el 70 y el 80 % según los países) son de género femenino, y que dicha red en un «gran escaparate» virtual de potenciales productos o servicios que adquirir, la ecuación es sencilla. Pinterest es hoy por hoy un potente canal para impulsar el comercio electrónico.

Como bien reflexionaba Enrique Dans al respecto en un artículo de *El País* publicado en febrero de 2012, cuando utilizamos una red social cualquiera no solemos hacerlo en «modo compra». Un modo que sí se activaría por ejemplo al visitar Amazon o eBay. Pero en Pinterest ocurre algo diferente, que se produce por la eminente orientación visual de la plataforma y que conduce a la predisposición positiva para comprar. Según Dans, son las mujeres las que fundamentalmente conectan a la perfección con esta imaginación visual y tienen la capacidad de orientarse entre estímulos diversos; es por ello que se sienten tan cómodas utilizando Pinterest en el proceso de decisión de compra.

Como hemos mencionado en las reflexiones sobre lo aspiracional de la red, Pinterest no deja de ser una forma de realizar «shopping window» en comunidad o de organizar virtualmente «listas de la compra» o «listas de deseos»: la «wish list» es un tipo de tablón muy popular en Pinterest. Todo ello son acciones muy cercanas a la transacción comercial o compra final. Sin olvidar que todo ocurre en una esfera pública, abierta y compartida, en la que constantemente se hacen recomendaciones a terceros (lo hacemos cada vez que pineamos o repineamos) y se influye en la decisión de compra de otros muchos usuarios que navegan por la red, también en busca de ideas o inspiraciones con el mismo «shopping mindset». Pinterest resulta entonces un canal *crowd* donde la multitud se especializa, casi sin quererlo, en recomendar e influenciar sobre qué regalar, qué hacer o qué es tendencia.

Tal como citábamos en el apartado sobre las industrias creativas, Pinterest ha supuesto un canal muy efectivo en apoyo a los pequeños creadores (artistas, artesanos, fotógrafos, diseñadores...) para dar a conocer sus obras a través de Internet y comercializarlas. El caso más claro que pone de relieve este hecho es la repercusión que ha tenido Pinterest respecto a las ventas a través de Etsy: una plataforma de comercio electrónico a disposición de todos estos perfiles de artistas y artesanos que quieren vender sus productos a través de Internet. Debido a su orientación eminentemente visual y a su poder de amplificación «boca-oreja», Pinterest se ha convertido en el mejor escaparate para todos esos pequeños emprendedores y muchos reconocen la perfecta simbiosis que han encontrado gestionando ambas cuentas coordinadamente y con estrategia comercial. Según afirman la gran mayoría de *crafters* de Etsy, Pinterest es actualmente su principal fuente de tráfico y ventas, tras Google.

Según recientes datos de Nielsen, el 59 % de los usuarios de Pinterest han comprado un producto visto en la red. Este dato en Facebook cae hasta el 33 %, lo que demuestra que los usuarios de Pinterest son más propensos a la compra. También influye el tipo de usuario actualmente registrado en la plataforma, que se caracteriza por tener un buen nivel formativo y un poder adquisitivo medio-alto: el 28 % de los usuarios de Pinterest tienen una renta familiar mayor de 100.000 dólares al año, mientras que el nivel medio de ingresos de los *pinners* se mueve entre unos 25.000 y 75.000 dólares anuales. Sin olvidar el dato anteriormente apuntado, de que casi el 80 % son mujeres. En términos globales, se estima que Pinterest supone actualmente alrededor del 20 % de todos los beneficios generados por redes sociales en páginas de eCommerce. En 2011, su participación apenas suponía un 1 %.

También el valor medio de los pedidos solicitados a través de Pinterest parece ser significativamente mayor que el generado desde otras redes: según datos de la consultora PinLeague, mientras en Facebook la compra media es de 80 dólares y en Twitter de 69 dólares, la media de gasto por pedido a través de Pinterest sube hasta los 179 dólares. Del mismo modo, según apuntaba un reciente artículo que publicó *The Wall Street Journal* con motivo de la refinanciación de la compañía, en el último Cibermonday de 2012 (el día que en Estados Unidos se hacen mayores rebajas en las tiendas *on-line*) las transacciones que se derivaron desde Pinterest hacia los sitios de comercio electrónico doblaron en cifras a las obtenidas en la misma fecha en 2011. Una muestra más de la gran evolución de dicha plataforma durante el último año.

Aprovechando la orientación comercial de su red y su fuerza para la recomendación y la influencia en los procesos de compra, Pinterest decidió incorporar en su momento la navegación mediante la categoría *Gifts* (Regalos), que agrupa todos aquellos *pins* que el sistema detecta que tienen incorporado un precio de venta. Así, podemos explorar directamente desde el menú de categorías todos aquellos regalos clasificados en horquillas de precio, que van desde los 1-20 dólares hasta más de 500 dólares: regalos para todos los precios y para todos los bolsillos a golpe de clic. Según muestran algunos informes, todos aquellos *pins* que llevan asociado su precio real son mejor valorados por los usuarios y obtienen un 36 % más de «Likes». Lo que nos indica que es una buena práctica a implementar desde las empresas cuando referencian en Pinterest sus catálogos *on-line* de productos.

Pero además de mostrarse atractivas en la web y de ofrecer imágenes sugerentes y de calidad que puedan tener un alto índice de «repin», las empresas que quieren hacer negocio a través de Pinterest tiene otro reto: la caducidad de los contenidos. Como hemos mencionado anteriormente entre las diez claves del éxito de Pinterest, uno de sus rasgos distintivos en relación con otras redes es la longevidad de sus contenidos y el larguísimo y recurrente ciclo de vida de cada uno de los *pins*. Una vez subidos al hiperespacio, desde ese momento cero pero también meses después, los *pins* permanecen en el sistema y están expuestos para que cualquier usuario los recupere y los vuelva a reflotar a la superficie. ¿Ventajas para las marcas al respecto? Tener colocado un *input* comercial de largo recorrido. ¿Riesgos? Garantizar que, con el paso del tiempo, los *pins* sigan funcionando como derivadores de tráfico y nos conduzcan hacia los contenidos adecuados. O lo que es lo mismo: evitar los *links* rotos o que no sean estables, cuando nos dirigen hacia la compra de un producto. Este es uno de los grandes problemas con el que muchas marcas o plataformas de comercio electrónico están intentando lidiar, para poder tener más y mejores ingresos procedentes de las «recomendaciones» de Pinterest, y en general, para rentabilizar al máximo el Social Commerce.

Como se ha demostrado que Pinterest es una excelente pasarela hacia las tiendas *on-line*, hay algunos grandes *players* del comercio electrónico que han decidido aplicar aquello que mejor funciona de esta red a sus plataformas. Es el caso del gigante eBay, que recientemente ha desplegado su nuevo *look & feel* (funcionando a día de hoy en el 90 % de perfiles de Estados Unidos) que ha apostado por una clara orientación *Pinterest-based*. La idea que pretende con ello es ofrecer una experiencia de compra más personalizada, mostrando aquellos productos en los que el usuario dice estar interesado —al indicar sus marcas preferidas, temas, intereses— organizados en forma de panel. El resultado, casi un clon de Pinterest del que se utilizan también algunos de sus argumentos de venta y experiencia: eBay habla ahora de inspiraciones, tendencias e intuitivas maneras de buscar productos. Realmente, la esencia y el mensaje de Pinterest ha calado hasta en los «padres» del eCommerce: renovarse o morir.

PINTEREST: ESCAPARATE TAMBIÉN PROFESIONAL

Pinterest, además de todo lo que hemos explicado en capítulos anteriores (una plataforma de *marketing*, un espacio inspiracional, un excelente catalizador de Social Commerce...), es también una red social más, que contribuye a conformar nuestra identidad y reputación digital.

Aunque se trate de un espacio amable y aparentemente «sin presiones», no hemos de olvidar que todos los contenidos que pineemos en la plataforma se publican en abierto y que cualquier internauta, tenga cuenta o no en la red, podrá verlos y consultarlos.

Es por ello que, aunque en muchas ocasiones los contenidos de Pinterest se relacionen quizás con una dimensión de la persona más asociada a sus *hobbies*, gustos o tiempo libre, también se puede enfocar Pinterest de una manera más profesional, incluyendo en nuestra cuenta algunos tablones en los que recojamos informaciones de interés para nuestra especialidad profesional: si es que estamos decididos a utilizar el canal con ese enfoque.

Como mencionábamos capítulos atrás, el perfil que un usuario proyecta en Pinterest es bastante más sincero y transparente que el que recogen otras redes sociales con cierta capa de «maquillaje», como podrían ser Facebook, Twitter o el mismo LinkedIn. Y no dudemos que si alguna persona se interesa por conocer más sobre nosotros y sobre lo que podemos aportar —como personas o como profesionales— también irá a buscarnos a esta red (en caso que la tengamos) y de allí inferirá muchísima información al respecto. Tal como reflexionaba su creador Ben Silbermann, a las personas se las puede conocer muy bien sabiendo qué es aquello que les gusta coleccionar.

Y ligando el tema profesional con la particular unión que Pinterest vive con todas las actividades ligadas a las industrias culturales y creativas, como también hemos apuntado en páginas anteriores, atención especial deberán tomar todos aquellos especialistas vinculados a estas disciplinas, en lo que se refiere a su presencia en la red.

Además de poder utilizarla desde el punto de vista de «banco de recursos» y como un canal ideal para explorar tendencias y encontrar inspiraciones, referentes e ideas de todo tipo, Pinterest es sin duda y ante todo un escaparate profesional para los perfiles artísticos y creativos.

La red, por su naturaleza visual y viralizadora en cuanto a imágenes se refiere, es un canal ideal para mostrar y compartir porfolios de algunos profesionales: fotógrafos, decoradores, artesanos, creativos, diseñadores de moda, estilistas, *coolhunters*, gastrónomos, artistas gráficos... la lista sería interminable. Todos ellos, en Pinterest, pueden dar visibilidad a sus trabajos y, si es conveniente, incluso asociar sus obras a plataformas de venta *on-line* en el caso que sean comercializables. El alto porcentaje de *repins* que garantiza la red (un 80 %) asegura que en buena parte sean vistos por muchas personas y compartidos varias veces. Una buena calidad de las imágenes, palabras clave asociadas y una descripción atractiva, ayudarán a ponérselo más fácil.

Pinterest es también, para estas profesiones creativas y para otras que no lo son tanto, una plataforma ideal para publicar y compartir currículos visuales. Una nueva tendencia que apuesta por un formato 100 % visual, sin utilizar apenas texto e incluyendo más recursos iconográficos. El objetivo: mostrar nuestra vida laboral de una forma más impactante y llamativa, siguiendo con la tendencia «visual» a la que también se adscribe la propuesta de Pinterest. Son muchísimos ya los currículos visuales de lo más variado que podemos encontrar en Pinterest, incluyendo también los videocurrículos.

Para finalizar y como consecuencia directa de todo este escaparate profesional en el que ya se ha convertido también Pinterest, existen muchos reclutadores o especialistas en selección peinando la red, explorando posibles perfiles, pero también colgando ofertas de trabajo en formato «pin». Una buenísima idea que facilitará la propagación de estas ofertas, gracias al efectivo fenómeno del *repin*. En España portales de trabajo como Infoempleo o SNTalent, entre otros, ya están utilizando activamente Pinterest.

Por tanto, y aunque Pinterest sea ese lugar inspirador en el que nos pasaríamos horas navegando... no descuides la identidad digital que esta red te está proporcionando, con una radiografía exhaustiva de gustos, preferencias, aspiraciones... e incluso sueños vitales.

ECOSISTEMA PINTEREST

Pinterest no está solo. Rodeando a esta nueva red social de éxito han proliferado toda una serie de plataformas, herramientas, aplicaciones o «gadgets» que beben de su modelo y que actúan o bien como complemento, o bien como copia o alternativa a dicha red. También son muchos los servicios vinculados a la analítica y a la influencia que han nacido viendo la gran honda expansiva de Pinterest.

A continuación citamos una veintena de estos recursos a modo de ejemplos.

Analíticas, métricas e influencia

Repinly: web que te ayuda a encontrar los *pins*, tablones y usuarios influyentes más populares en Pinterest. Es una herramienta ideal para investigar tendencias.

PinReach: herramienta que te permite medir el grado de influencia de tu perfil en Pinterest, con base en las métricas de *pins*, *repins*, comentarios, seguidores, etc.

Pinpuff: herramienta gratuita para medir tu grado de influencia en Pinterest, alcance y viralidad de tus contenidos.

PinAuthority: servicio de estadísticas que hace un seguimiento de las interacciones en Pinterest: *pins*, *repins*, *likes*, seguidores, etc. Ofrece también información sobre el *ranking* de influencia.

Curalate: servicio especializado en analítica web visual, muy orientado a Pinterest e Instagram.

Pinfluencer: plataforma de *marketing* y analítica especializada en Pinterest.

Pinerly, ahora **Reachly**: servicio especializado en diseminar campañas de *marketing* visual a través de las redes sociales, incluyendo Pinterest.

Upgrades

Pingraphy: herramienta que nos permite programar la fecha, hora y tablón de destino de nuestros *pins*. Muy interesante para cuentas corporativas.

Pinstamatic: herramienta web que te permite crear *pins* a partir de diversos contenidos, como una localización en mapa, un tuit, una canción, una foto o una cita.

url2pin.it: herramienta gratuita que te ayuda a compartir una captura de pantalla completa en Pinterest, y no simplemente una imagen.

Pin a quote: herramienta que te permite convertir textos en *pins* de una manera muy sencilla. Actualmente, también permite hacerlo para compartir dichas citas en otras redes como Facebook o Twitter.

Shopinterest: servicio que te permite convertir parte de tu perfil Pinterest en una tienda virtual. Solo hay que seleccionar el tablón que contiene los artículos en cuestión y los interesados podrán pagar mediante Paypal.

Pin4ever: herramienta para hacer un *backup* de todos los contenidos de tu perfil Pinterest.

Los clones de pinterest

Fancy: red social competencia directa de Pinterest, que te permite listar todas aquellas cosas que descubres en la red y que te gustaría comprar. A diferencia de Pinterest está más orientada hacia la venta final y permite realizar transacciones económicas.

Ffffound: permite publicar y compartir tus imágenes favoritas en la red, se define a sí mismo como un servicio de *image-bookmarking*.

Pinspire: versión clonada de Pinterest, por los famosos hermanos Samwer, que se dedican a detectar negocios prometedores en Estados Unidos y lanzar sus versiones internacionales clonadas, con foco en Europa.

Stylepin: se trata de una plataforma similar a Pinterest, pero únicamente dirigida a contenidos vinculados con la moda.

Otros

Wookmark: red social que ofrece la misma funcionalidad que Pinterest, habiendo además liberado parte de su código (en modo de librería javascript/jquery), lo que nos permite mostrar y organizar imágenes de manera similar también en otras webs, en formato cuadrícula de columna dinámica.

Pintrosity: blog colaborativo que da la réplica a Pinterest y muestra la cara menos amable de los tablones DIY. Fotos horribles sobre propuestas *a priori* bonitas encontradas en Pinterest.

We Pin: directorio en el que localizar usuarios o temáticas en Pinterest.

Pin Search: extensión de Google Chrome que aporta una nueva funcionalidad a la red Pinterest: poder buscar imágenes similares o conocer las webs donde aparece cada *pin*, encontrarla en distintos tamaños o saber su autor.

PINTEREST EN CIFRAS

Alcance

- Pinterest tiene unos 40 millones de usuarios registrados (ComScore, febrero de 2013).
- Es ya la tercera red social más popular en Estados Unidos.
- Pinterest Inc. está actualmente valorada en 2.500 millones de dólares (febrero de 2013).
- Un 16 % de los internautas norteamericanos tiene cuenta en Twitter. Un 15 % la tiene ya en Pinterest.
- A los 2 años de vida, Pinterest ya generaba más tráfico referenciado que LinkedIn, Google+ y Youtube juntos.
- Pinterest fue el *site* independiente que más rápido logró rebasar la barrera de los 10 millones de usuarios (tardando unos 20 meses en conseguirlo).
- Pinterest experimentó en 2012 un crecimiento anual de +1.047 % en usuarios únicos (Nielsen).
- Pinterest es la página n.º 31 de las más vistas en España; la n.º 34 a nivel mundial y la n.º 14 en EE.UU. (Alexa, enero de 2013).
- En España hay actualmente 700.000 usuarios de Pinterest.

- Un año atrás solo había 21.000.

¿Cómo se usa?

- Más del 80 % de los *pins* se repinean. Solo el 1,4 % de tuits son retuiteados.
- Cada visita en Pinterest dura una media de 16 minutos.
- Los usuarios de Pinterest visitan la red 98 minutos al mes.
- El 84 % del tiempo en Pinterest se dedica a pinear/repinear, el 15 % a hacer *likes* y el 1 % a comentar.
- Según RJMetrics, las diez temáticas más populares de Pinterest en 2012 fueron: Decoración del hogar (17,2 %), Manualidades y artesanía (12,4 %), Moda y estilo (11,7 %), Comidas y bebidas (10,5 %), Educación (9 %), Vacaciones y eventos (3,9 %), Humor (2,1 %), Productos (2,1 %), Viajes (1,9 %) y Niños (1,8 %).

¿Quiénes son los usuarios?

- El 79 % de los usuarios de Pinterest son mujeres.
- El 50 % de los usuarios de Pinterest tiene hijos.
- El 28 % de los usuarios de Pinterest tiene una renta familiar mayor de 100.000 dólares al año
- El nivel medio de ingresos de los *pinners* se mueve entre unos 25.000 y 75.000 dólares anuales.

Pinterest for *Bussiness*

- En 2012 el 25 % de las empresas del índice Fortune tenían cuenta en Pinterest y el 51 % de las 100 mejores marcas según Interbrand.
- Los *pins* con información sobre precio obtienen un 36 % más de «Likes».
- Un 80 % de los contenidos de Pinterest están directamente relacionados con el comercio.
- El 43 % de los usuarios reconocen seguir a sus marcas favoritas en Pinterest. Solo el 24 % dicen hacerlo en Facebook.
- El 59 % de los usuarios de Pinterest han comprado un producto visto en la red. Este dato en Facebook es del 33 % (Nielsen).
- Pinterest supone el 20 % de todos los beneficios generados por redes sociales en páginas de eCommerce. En 2011, su participación apenas significaba un 1 %.
- La compra media que se realiza desde Pinterest es de 179 dólares (la de Facebook es de 80 dólares y la de Twitter de 69 dólares).

OPINAN LOS EXPERTOS

Pinterest según @Nethunting

Por Gema Requena
Experta en Tendencias aplicadas en Comunicación, Social Media, Moda y Citybranding. Coolhunter & Nethunter
www.nethunting.es
Autora de «Una coolhunter en Nueva York»

Desde el punto de vista de tendencias Pinterest alcanza dos corrientes, por un lado la psicosocial, su capacidad de sumarnos a nuestro ADN e identificación a través de las imágenes y su fácil manejo a la hora de organizar y compartir (*pin or repin*) le otorga ese componente psicosocial que la convierte en una red altamente adictiva y muy viral, y por otro lado la transformación/adaptación del lenguaje, Pinterest inaugura un nuevo formato de comunicación en el entorno 2.0: el *board*.

Sobre todo y al inicio, a Pinterest, con respecto a otras redes lo diferencia su estética y arquitectura digital basadas en los *mood boards*, y ese componente social y relacional de la red: *interested-based network*. Además hay que añadirle que es un red visual y muy femenina, por su capacidad a la hora de relacionar objetos visuales. Y por ello rápidamente ha conseguido una buena legión de fans (*pinners*) y muchos imitadores, desde su inmediato seguidor Fancy hasta consagrados como eBay han instalado sus «pseudo-pinterest» en su núcleo y arquitectura de relación. En las tendencias y realidades del Social Media Pinterest ya ha dejado su herencia: la capacidad viral de sumar seguidores (la red con mayor crecimiento en los últimos meses y la capacidad de introducir un nuevo lenguaje que ha sentado las bases para muchos otros emuladores).

Desde el punto de vista de marca, Pinterest es una red que ayuda a la comunicación y conduce a la acción de compra.

En el terreno de la comunicación es una herramienta perfecta para construir valores y territorios de marca en un *board*, así como para construir catálogos propios o en formato *crowd* por productos, colores, conceptos, viajes, situaciones, generaciones... consiguiendo convertirse en un escaparate.

En el terreno de la compra es esa una de sus claves, Pinterest es un gran escaparate visual que se renueva de forma orgánica según los gustos de la comunidad, es la mejor plataforma de *crowdcuration*: donde reconocer qué es lo más compartido, donde ofrecer escaparates interactivos, donde proponer acciones cruzadas de comunicación vinculada a la compra... es una de las mejores redes destinada al eCommerce, el único riesgo por el que se están perdiendo increíbles sumas de dinero es por la poca constancia y continuidad de los *links* a los catálogos visuales. Además esta es, a diferencia de otras redes sin modelo de negocio, una de las posibles vías de negocio junto a otras como la publicidad.

Pinterest, según Nethunting, es un «place» con un componente altamente femenino, una capacidad de relacionar individuos en función de intereses y un alto potencial en acciones de *crowdcuration* y comunicación de marca así como una habilidad para direccionar del *pin* a la compra. Así que, por favor, ¡*Pin it*!

pinterest.com/nethunting/
www.nethunting.es/tag/pinterest/

Pinterest: conocimiento, transparencia y oportunidad para el Social Commerce

Por Cristina Villegas
Consultora de estrategia y experiencia de usuario en plataformas móviles
www.cristinavillegas.com

Obviamente Pinterest cubre una necesidad organizativa. Nos aporta agilidad en una actividad que el ser humano, y en especial la mujer, siempre ha tenido, que es la de recomendar y compartir aquello que nos gusta. También nos facilita archivar y guardar información que anteriormente acababa dispersándose y perdiéndose. Así que la podríamos considerar como una potente herramienta de retención de conocimiento.

Pero la función que está adquiriendo Pinterest va mucho allá de sus posibilidades organizativas. De hecho, consideraría el perfil de Pinterest como el más honesto que tenemos hoy en día en la Red. A través de nuestros «boards» explicamos mucho más de nuestra persona de lo que haríamos tradicionalmente al postear en otras redes sociales. El mosaico de imágenes que vamos eligiendo constituye un perfil muy rico y definido de nuestra persona. Mostramos gustos concretos, *hobbies*, curiosidades e incluso incongruencias de nuestra persona. Y al vincular este con otros de nuestros perfiles, como Linkedin o Google+, añadimos una descripción mucho más auténtica de nosotros mismos.

Respecto al futuro, es muy difícil predecir el destino de un servicio de estas características, ya que dependerá de muchos factores. Pinterest cuenta con una grandísima acogida del público que lo ha adoptado por su facilidad de gestión de información. Pero también porque es una importante herramienta de inspiración, y creo que es justo en este aspecto donde Pinterest tiene un gran potencial de expansión y monetización. Si a las tradicionales técnicas de eCRM le sumamos otras tecnologías que están actualmente extendiéndose como son el RFID o el NFC, servicios como Pinterest pueden jugar un papel clave en el desarrollo del futuro eCommerce. De esta manera, al entrar en un comercio podríamos recibir sugerencias de productos basadas en nuestra selección de imágenes en Pinterest, o bien podríamos ser alertados de la cercanía a un producto presente en uno de nuestros *boards*. La integración con nuevas tecnologías podrían posibilitarnos incluso la compra del producto sin apenas movernos.

pinterest.com/cecebcn

Pinterest: cuando la clave no es crear, sino filtrar

Por Javier Velilla
Socio director de Comuniza, consultoría de comunicación y estrategia
@javiervelilla @comuniza

Pinterest es un tablón virtual que permite a los usuarios almacenar, compartir imágenes y enlaces que encuentran interesantes o inspiradores. Esta plataforma conecta con un comportamiento habitual de la vida *off-line*: coleccionar. Si durante los primeros años de las redes sociales el centro de la propuesta era la generación de contenidos (blogs, Twitter o Flickr), la propuesta de Pinterest tiene que ver con coleccionar de forma personal a partir de determinados criterios por su especial interés o valor.

Esta red social se creó en 2009 fruto de la iniciativa de Paul Sciarra, Evan Sharp y Ben Silbermann, que tiene la afición de coleccionar sellos e insectos. En su opinión las redes sociales son la manera de hacer de forma *on-line* lo que ya hacíamos *off-line*. El elemento diferencial de Pinterest tiene que ver con que el contenido no es propio de cada usuario, sino que es un gran tablón de corcho con referencias de terceros. Es una propuesta de filtrado de imágenes, vídeos y recursos gráficos que responde a la hiperabundancia de contenidos con filtros semánticos, a acciones sencillas (*pins* a modo de chinchetas) y al coleccionismo filtrado de contenidos (tanto con criterios individuales como sociales).

pinterest.com/comuniza

Pinterest como herramienta profesional

Por Pedro Rojas, consultor especializado en Social Media @seniormanager

La mayoría de las personas que tienen conocimiento de la existencia de la red social Pinterest sigue pensando que se trata de una plataforma que solo sirve para colgar imágenes, que está dirigida a mujeres y que no sirve para nada más.

La verdad es que podemos darle un uso personal, pero sobre todo, podemos darle un uso muy profesional.

Pinterest puede ser una gran herramienta de difusión de lo que hacemos, de nuestras habilidades, de los que nos interesa y de lo que hemos conseguido. Pero no solo en imágenes, sino también como un medio para posicionarnos mejor en Google, para tener mayor y mejor visibilidad y para incrementar nuestra reputación e influencia.

La clave está en saber qué tipo de contenidos podemos colgar, en función de la audiencia a la que queremos llegar, lo que significa incluir imágenes y contenido relevante sobre el tema al que te quieras enfocar. Es decir, has de tener un objetivo para estar allí.

Luego, es necesario que determines objetivos, que los mismos contengan aspectos cuantitativos y cualitativos que puedan después ser medidos, para saber si los vas cumpliendo.

Es importante que sepas cuidar los aspectos básicos que demuestran que sabes gestionar esta herramienta y que al final son determinantes para obtener verdaderos resultados desde un punto de vista profesional.

Decide qué tipo de imagen quieres reflejar al colgar contenidos visuales, y eso no depende solo de las fotos, sino de aspectos como los nombres que le das a los tableros (*boards*), los cuales han de ser cortos, pero con descripciones detalladas de acuerdo con el contenido. La clave está en saber elegir palabras que cualquiera que estuviese buscando tus servicios, productos, conocimientos o intereses podría escribir en el buscador de esta herramienta.

Cada *pin* ha de contar una pequeña historia de lo que te motiva y apasiona, pero desde un enfoque profesional. Los que mejor funcionan son los que conectan el pasado, el presente y el futuro, pues muchas personas se identifican con cosas que han pasado antes y que suceden ahora.

Una gestión profesional también consiste en conseguir «seguidores», los cuales no vendrán por sí solos, por lo que tendrás que salir a buscarlos. Lo mejor es comenzar a seguir a otros usuarios con perfiles que puedan ser de tu interés, o que publiquen contenidos similares a los tuyos.

No dejes de compartir tus *pins* en otras redes sociales como Facebook y Twitter. En el caso de Facebook, los *pins* se van agrupando automáticamente, lo que muestra toda tu actividad al resto de tus contactos, y ayuda a difundir tu mensaje y a darte mayor visibilidad.

Recuerda, como profesional, eres lo que le das a Pinterest.

pinterest.com/seniormanager

BIBLIOGRAFÍA Y WEBGRAFÍA

Gran parte de los ejemplos, artículos y referencias citadas a lo largo de este libro, se recopilan en el siguiente perfil de Pinterest, configurado para la ocasión.

Dicho perfil se irá nutriendo progresivamente de todas las novedades que vayan surgiendo en torno a dicha red, para permitirnos seguir de cerca su evolución:

Libro_La red social visual y creativa
pinterest.com/pinterestlibro

- **Bauman, Z.** (2006). *Vida líquida.* Paidós Ibérica.
- Blog de Pinleague.com
- blog.pinterest.com
- Comscore.com
- **Hayden, B.** (2012). *Pinfluence: The Complete Guide to Marketing Your Business with Pinterest.* John Wiley & Sons Inc., 1.ª edición.
- **HubSpot** (2012). *How to use Pinterest for Bussiness.* Ebook disponible en Hubspot.com
- **Locke, C.; Levine, R.; Weinberger, D.; Searls, D.** (2009). *El manifiesto Cluetrain. El ocaso de la empresa convencional.* Deusto.
- mashable.com/category/pinterest/
- **Nielsen** (2012). *State of the Media: The Social Media Report.* Disponible en Nielsen.com

- Puromarketing.com
- **Taylor, G.** (2012). *Guía completa para marcas en Pinterest: descubra cómo usar esta novedosa red social para promocionar su negocio y conseguir clientes nuevos.* CreateSpace Independent Publishing Platform.
- techcrunch.com/tag/pinterest/

Nube de tags: contenido del libro